김봉균 교수 제4에세이집

선한 이가 당하는
　　고통에 대한 묵상

| 머리말 |

성직자가 되려 했다. 하늘이 아니라고 손사래 치셨다. 법관이 되려 했으나, 스승께서 권하신 것은 학자의 길이었다. 중병과 세상 환란의 아아로운 비탈길에서 실족하지 않고 교육자로, 문학교수로 걸어온 길, 지금은 빛 속에 서 있다. 넘치는 은혜다. 그럼에도 내 영혼의 키는 아직 작다.

마음의 한 우주였던 큰누님을 8월 7일에 여의었다. 뇌성 같은 슬픔을 삭이며 이 책을 낸다. 《꿈과 애정의 영토에서》(1968)·《불멸의 사랑을 위하여》(1974)·《시간과 영원을 위한 팡세》(2004)에 이은 네 번째 에세이집이다. 28년간 스테디셀러였던 《문장기술론》(1980) 저자로서 자평을 하건대, 처음 두 권의 에세이집에 실린 글들은 미숙하기 짝이 없었다. 에세이란 농익은 인생 체험을, 결 삭은 문체에 낮은 어조로 개성 짙게 써야 하는 글이 아닌가. 그런데 그때에 쓴 에세이들은 설익고 거칠었다. 지금도 집필 과정에 격정의 뿌다구니가 불쑥거려서 심히 곤혹스럽다. 산수傘壽에도 불혹不惑은 가뭇없다는 뜻이다. 에세이 쓰기란 실로 사람 되기를 향한 절차탁마의 과정이다. 이 과정의 끝자락에서 새삼 노산 선생님이 사무치게 그립다.

눈에 뵈는 것을 보는 것이나 귀에 들리는 것을 듣는 것은 새짐 승이 사람보다 오히려 나은 것이다. 눈에 안 뵈는 먼 세기 밖 역사의 너머에 있는 세계를 볼 줄 아는 거기에 인간의 인간된 값이 있고, 귀에 안 들리는 신의 음성, 어떤 영감의 계시를 들을 줄 아는 거기에 인간의 인간된 보람이 있는 것이다.

나는 이 책의 저자를 통해서, 모든 악운의 위협을 무릅써 가며, 외로움을 극복하면서, 굳이 인간으로서의 바른 길을 탐색하기에 최선을 다하고 있는, 한 성실한 인간상을 발견한다.

남해 창선에서 태어난 그는 파도 소리를 들으며 자랐고, 궁핍과 가난이 물결치는 인생의 파도 속을 헤쳐 왔다. 그러면서도 그는 온갖 시련 앞에서 꺾이지 아니했고, 학문을 닦기에 게으르지 아니했다. 나는 그의 이 같은 생활의 역정을 아는 사람이기에, 그를 오히려 사랑하는 것이다. 그보다도 눈을 어지럽히는, 현대라는 시간과 공간 속에서도 자신을 잃어버리는 일 없이, 반성과 묵상과 전망과 기원으로써 맑은 본성을 가다듬을 줄 아는 그의 자세를 더욱 사랑한다.

이 책은 실로 그의 묵상하는 자취요, 그의 모습을 비치는 거울이다. 여기서 '생각하는 한 젊은이'를 발견할 수 있을 것이요, 또 그의 다정다감한 인간미로 도란도란 들려 주는 이야기 소리는 많은 젊은이들의 가슴에 메아리쳐 갈 것이다.

이 글은 첫째 에세이집 《꿈과 애정의 영토에서》에, 근대 시조의 선구자요 문장 대가이셨던 노산鷺山 이은상李殷相 선생께서 써 주

| 머리말 |

신 추천사의 끝 부분이다. 1968년 6월 15일의 글이다. 시조 쓰기를 간곡히 당부하시던 노산 스승님의 옛 모습이 아프게 그립다. 스승님을 모시는 마음으로 첫 시조집을 낼 채비도 해야겠다.

철쭉꽃 핀 산비알에서 마알간 별빛을 우러르면, 투명한 의욕이 샘솟을 것 같다. 은파銀波가 밀리는 모래톱에서 갈게 집을 따라 걸으면, 달밤은 더욱 신비롭고 고요하겠다. 이때쯤 전쟁을 음모하는 휴전선 언저리에서 노래하는 새들이 돌아오고, 손가락이 가녀린 소녀는 그리운 시절을 피아노의 선율에 실어 주겠지. (《꿈과 애정의 영토에서》, 머리말)

아름다운 이름으로 살고 싶었다. 눈부신 계절에, 천지가 화운和韻하는 코러스에 실려 내 고향 물기슭으로 돌아가고 싶었다. 사양斜陽이 비낀 초원, 기다란 제방길로 푸른 수의囚衣의 행렬이 지나갈 때, 나는 자신의 장래가 어느 근엄한 법정에서 죄도 벌도 다스릴 것 없는 인류의 착한 본성을 어루만지고 증언하는 변론의 자리에 섰던 시절이 있었다. (《불멸의 사랑을 위하여》, 머리말)

이 글들은 청년 시절 내 영혼이 얼마나 맑고 순수하였는가를 증언한다. 그랬기에 나는 수많은 사람들에게 사랑을 받고 사랑했다. 하고한 제자들 중에 미워한 사람이 아무도 없었음을 고백할 수 있는 나는 교육자로서 한량없이 기쁘다. 어려서부터 이제까지 그 누구와도 싸운 일이 없었던 나의 일생도 복되다. 좋은 부모님, 은사님의 보살피심과 사랑하는 주님의 은사 덕분이다.

 이 책이 흐려진 내 영혼을 다시 맑히고, 독자들에게 소망과 구원의 작은 실마리라도 붙들게 해 드린다면, 더 바랄 것이 없겠다.

 이 책을 하늘 같으셨던 내 부모님과 은사님 영전에 바치며 삼가 옷깃을 여민다. 53년간 고락을 함께한 아내 정경임과 원고 정리에 노고를 아끼지 않은 김근희 수필가의 공로를 기린다.

2022. 9. 6.
김봉군

Contents

- 머리말 / 2

제1장 내 고향 남쪽 바다

도리깨질	• 14
바늘	• 16
돌발과 후리	• 20
충무 김밥과 화풍단	• 24
내 고향 남쪽 바다	• 27

제2장 소크라테스의 독배

소크라테스의 독배	• 32
춘향과 페넬로페	• 36
품삯	• 41
전세 보증금 이야기	• 43
공자와 제자	• 47
예수의 제자	• 51

제3장 인생의 선용

인생의 선용 • 56

말 잘하기 • 64

사주와 관상 • 68

그럼에도 불구하고의 사랑법 • 72

수신제가치국평천하 • 78

교과서 쓰기 사분세기 • 84

낙관주의자와 비관주의자 • 90

한자 교육에 대하여 • 93

Contents

제4장 좌우명

좌우명	• 100
정욕의 유혹	• 107
맹자의 불인지심	• 112
낙태죄에 대하여	• 117
욕망 이론	• 122
음수사원	• 125
정치인과 유머	• 132
이 땅의 페스탈로찌들	• 139
위인	• 146

제5장 선한 이가 당하는 고통에 대한 묵상

선한 이가 당하는 고통에 대한 묵상	• 150
우리 정신사와 참회록	• 155
도스토옙스키의 〈죄와 벌〉	• 160
톨스토이의 〈부활〉과 영적 혁명	• 165
죽음에 대한 묵상	• 169
마음의 맷집	• 176
선천설과 후천설	• 180
시련의 역설	• 184
생각이 운명을	• 186
표절	• 191
비극적 결함	• 196
너새니얼 호손의 〈주홍 글자〉	• 200

Contents

제6장　그리운 이름들

사랑의 어머니	• 206
스승님 이야기 1	• 210
참 좋으신 아버지	• 214
창조적 상상력과 집중력	• 219
북으로 간 사람들	• 223
의사와 간호사	• 228
그리운 사람 서한샘 선생	• 234
내 제자 박근혜 대통령	• 239

제7장　하늘나라 가는 길

수명	• 252
사람의 성격	• 255
욕망의 한계	• 259
코로나 역병과 사랑의 리듬	• 262
큰일 할 사람과 큰일 낼 사람	• 268
초상 현상	• 274
하늘나라 가는 길	• 279

제8장 신바람 의식과 우리 역사

신바람 의식과 우리 역사　　・286

보이콧　　・291

대통령의 인성 검사　　・295

권력형 인간　　・299

꼬리가 몸통 흔들기　　・301

제1장

내 고향 남쪽 바다

도리깨질

　도리깨질은 노동이다. 노동인데도 흥이 난다. 왜 그럴까? 냅다 때리는 노동이라서 그럴 게다. 도리깨질은 탈곡을 위한 노동인데, 주로 보릿대와 밀대 끝에 맺힌 곡식 알갱이를 떨어내는 일이다. 벼 알갱이는 수분이 많아 도리깨질을 하다가는 다 뭉개지고 말 터이니, 벼훑이로 탈곡을 한다. 요새는 자동 기계로 탈곡을 하는 시대인지라, 격세지감이 드는 이야기다.
　도리깨 타작은 마당에서 한다. 타작 마당은 집 안에 있는 것이 보통이나, 마당이 좁으면 바깥 마당에서 한다. 타작 마당은 흙으로 되어 있다. 자갈 마당이나 시멘트 마당 또는 아스팔트 위에서 타작을 했다가는 도리깨 살이 부러져 나가거나 곡식 알갱이가 튀어 흩어질 것이다. 심하면 곡식 알갱이가 바스러지기 십상이다.
　황토 마당 위에 보릿단이나 밀단을 풀어 헤쳐 놓고, 두 손에 침을 퉤퉤 뱉은 다음 도리깨 채를 단단히 잡고선 도리깨 날을 휘둘러 힘껏 내리친다. 내리칠 때 쾌감은 형언하기 어렵다.
　도리깨채는 대개 대나무고, 그 날은 굵고 긴 싸리나무거나 낭창

거리는 잡나무 가지들이다. 도리깨 채 끝 좀 못 미치는 자리에 가로 구멍을 파고 걸나무못을 끼운 뒤에, 그 걸나무에 도리깨 나무날들을 묶으면 도리깨는 완성된다. 농군이 도리깨채를 잡고 휘휘 돌리면서 마당에 가로누운 보리나 밀 떨기에 사정없이 내려치기를 반복하면, 보리알·밀알과 보릿대·밀대가 깔끔히 분리된다.

도리깨질에도 상수上手와 하수下手가 있다. 도리깨 날을 한 방향으로 빙빙 돌리기만 하며 때리는 것은 하수다. 상수는 도리깨날을 머리 위 뒤로 돌렸다가 되돌리는 반동을 이용하여 앞으로 내리치는 기술이다. 상수는 하수보다 내리치는 강도強度로 보아 비교할 바가 못 된다.

여름날의 도리깨질은 생존을 위한 노동이지마는, 그게 그리 힘들지 않았던 것은 심리 정화淨化, 카타르시스 기능 때문일 것이다. 너나없이 가난했던 그 시절 심중에 멍울 진 설움의 응어리를 풀어 발산시킨 것이 도리깨질 타작이었던 것이다. 여인네들이 빨랫방망이나 다듬잇방망이로 켜켜이 쌓인 한을 풀어낸 것에 비견된다.

우리 옛 조상들의 삶이란 끊임없는 도리깨질이 아니었던가.

바늘

바늘은 알몸이다. 알몸이면서 관능적이지 않다. 바늘은 평생토록 옷을 입지 않는다. 바늘의 알몸에는 기복이 없이 매끈하다. 수은빛 그 몸매는 고혹적인 맵시를 뽐내는 것과는 거리가 멀다. 가을 홍시가 부끄러워 얼굴을 붉힐 때에도 바늘은 수은빛으로 은은히 침잠해 있을 뿐이다.

바늘은 귀 하나와 예리한 촉수 하나만 있으면 제 할 일을 다한다. 바늘 귀는 늘 열려 있다. 바늘 귀를 통과하는 것은 바람과 실뿐이다. 제아무리 교활한 도둑도 바늘 귀를 통과한 적이 없다.

바늘에는 큰 바늘, 중치 바늘, 작은 바늘이 있다. 용도에 따라 돗바늘, 가마니 바늘, 망 뜨는 바늘, 재봉틀 바늘, 구두 바늘, 뜨개질바늘, 수술 바늘 등이 있다. 돗자리·가죽·구두 등을 깁는 데 쓰는 것이 돗바늘이고, 가마니 바늘은 가마니를 짤 때 쓴다. 바늘은 망을 엮고, 재봉을 하며, 뜨개질하는 데 쓰인다. 바늘이 외과 의사의 손에 들리면 사람의 목숨까지 살린다. 바늘은 인류가 문화 생활을 누릴 수 있게 해 준 고마운 공로자다. 근래에는 많은 것이 기계화되어 있긴 하나, 바늘은 여전히 유용한 물건이다. 신사임당도 애용했던 수 놓는 바늘은 예술 창조에 큰 몫을 한다. 우리 유명한 시인들도 '누나의 수틀'을 못 잊고 있다.

한국 서정 수필의 대가 정목일은 바늘을 극찬한다. 바늘은 군더더기가 없고 단순·첨예하며, 인간의 감성과 이성을 자극하고 촉발시키는 존재로 본다. 치유와 회생의 상징이요 미美의 도구가 되기도 한다고 했다.

바늘에 관한 우리 고전 수필에 유씨 부인俞氏夫人이 쓴 〈조침문弔針文〉이 있다.

편작扁鵲의 신술로도 장생불사 못 하였네. 동네 장인匠人에게 때우련들 어찌 능히 때울쏜가. 한 팔을 베어 낸 듯 한 다리를 베어 낸 듯 아깝다 바늘이여, 옷섶을 만져보니 꽂혔던 자리 없네.

조선 시대 여인의 애틋한 심성이 고스란히 표출된 명수필이다. 바늘을 부러뜨린 안타까움을 모티브로 하여 이렇듯 애잔한 문체로 쓴 고전 수필은 심히 드물다. 심미적 감수성이 섬세히 아로새겨졌다. 이처럼 바늘은 우리 옛 여인네들에게 분신과도 같이 소중했다.

세상의 소연한 인심을 등지듯
비단실 한 바람 한 바람의 바늘 끝에

쾌청한
가을날이 저무네
온 날을 정적에
깊이 도사리고 앉아

한 땀 한 땀
공백을 메워 가면
황무지를 밭 갈듯 화끈거리네

김정숙의 〈자수가刺繡歌〉다. 쾌청한 가을날 비단실로 수를 놓는 여인의 고운 자태가 엿보인다. 황무지를 밭 갈듯 화끈거리는 여인의 마음이 그윽하고 한가로우며 정적에 싸안긴 채 하루 해가 저문다. 여기에 바늘이 있다.

정목일은 또 이렇게 말한다.

바늘은 덕德이 높다. 찢어지고 갈라진 옷을 기워서 편안하게 해 준다. 바늘은 격格이 있다. 바느질 솜씨에 따라 옷의 품격이 달라진다. 바늘은 예禮가 있다. 예민하고 풍부한 감수성이 있다. 옷 한 벌, 자수 병풍을 보면, 바늘의 무궁무진한 감성과 미의식을 느낀다.

이 수필에서 바늘의 미덕美德은 인간 미덕의 알레고리다. 사람이 바늘 같았으면 하는 것이다.

지혜의 시조 한 수가 있다.

그리움 수繡를 놓고
상처도 꿰매 주고

귀 하나 열어 두고
마음을 듣는 게야

여위고
뾰족한 입술
그리 홍익弘益하다니

  바늘의 기능이 인간을 널리 이롭게 하는 홍익에까지 이르렀다. 천옥희의 시조 〈바늘〉이다. 정목일 수필과 닮았다. 알몸인 바늘이 홍익에까지 덕을 넓혔다.
  바늘은 정목일의 말대로 느낌표다.
  바늘, 신통한 덕의 미학자美學者여.

돌발과 후리

800여 명이 사는 갯마을이었다. 마치 부푼 주머니 모양으로 굽어든 작은 만이었다. 한려수도의 갈맷빛 바다 마을 맞은편으로는 통영의 사량도와 수우도가 전설인 양 떠 있었다. 해와 달은 늘 사량도 위로 떠올랐다. 마을 뒷산 정상에 오르면 왼편 바다 건너 삼천포와 고성이 보이고, 15도 각도 오른편 먼 바다에는 통영의 욕지도·두미도가 점점이 떠 있었다. 한겨울 도다리가 많이 잡힌다는 바위섬 세존도는 말로만 들었다. 그 곁으로 무한히 펼쳐진 남해 바다는 전라도로 통하는 뱃길이었다.

마을 앞은 300미터 길이에 20m 너비의 금모랫벌이 펼쳐져 있었다. 부드러운 모래인 세사細沙였다. 아이들은 넓디넓은 그 모래밭에서 날 저무는 줄 모르고 놀았다. 소년들은 씨름·간이 야구·닭싸움 놀이를 했고, 소녀들은 막대기로 금을 그어 놓고 터치볼 게임을 했다. 명절에는 어른들도 편을 갈라 기마전을 벌였다.

휘영청 달이 밝은 밤, 싸르륵거리는 바닷물 소리에 잠을 이루지 못한 잠재적 시인들은 모래밭에 뿌려진 달빛들을 주우러 사립문을 나섰다. '빛과 고요'가 전설을 아로새기는 모랫벌은 천년 그리움을 부여안은 채 고즈넉이 펼쳐져 있었다.

언덕 너머 사람이 살지 않는 개안에는 몽돌밭이 저 홀로 펼쳐져 있었다. 검정색 몽돌들은 하고한 세월을 두고 바닷물과 빗물에 시닦여 생겨난 돌로 된 공이었다. 몽돌밭 아래 인접한 바다에는 크지 않은 물고기들이 살았다. 썰물 때 바닷물이 멀리 물러나면, 아이들은 주먹돌들을 모아 돌발을 쌓았다. 밀물을 따라 돌발 너머로 밀려온 물고기들이 썰물 때에 돌발에 갇혔다. 아이들은 손쉽게 물고기를 수확할 수 있었다. 그야말로 전설이다.

어로 기술이 발달하지 못한 옛날인지라, 리아스식 해안을 따라 물고기가 많이 살았다. 고깃배를 부리는 어업인들에게는 봄과 가을 멸치와 갈치 잡이가 하이라이트였다. 특히 봄 멸치는 구름 떼 같이 바닷가로 몰려들고, 멸치 사냥을 하는 갈치 떼까지 모랫벌에 잇닿은 물기슭을 침범해 왔다. 소녀들은 바구니를 들고 나와 모래밭에 밀려왔다 미처 빠져나가지 못하고 퍼덕이는 멸치를 주워 담았다. 원시적인 물고기잡이였다.

마을 공동체의 극적인 행사는 후리였다. 우선 노인을 제외한 온 동네 사람들이 바닷가에 모였다. 실한 장정 두 사람이 후릿그물을 작은 전마선에 싣고 가까운 바다로 나갔다. 한 사람은 노를 젓고 다른 한 사람은 바다에 그물을 던져 넣었다. 그물이 반원형으로 바다에 드리워지기가 무섭게 양쪽 벼릿줄을, 동네 사람들이 힘을 합쳐, '여이샤, 여이샤.' 소리에 맞추어서 힘차게 끌어당겼다. 동네 사람들의 힘이 다했는가 싶을 즈음 그물은 모래밭으로 끌려 올라오고, 작고 큰 물고기들이 '아차, 큰일났다.' 싶은지 필사적으로 퍼덕거렸다.

이제 집집마다 공평히 나누는 일만 남았다. 나누는 일의 명수는 쇠방오 아저씨였다. 그는 늘 전용 바가지를 가지고 다녔다. 그는 잡힌 물고기를 놀랍도록 공평하게 나누는 솜씨를 과시했다. 150호 집집마다 식구가 몇 명인지 정확히 판별하고 그에 맞게 배분하였다. 바구니를 든 가족 대표 얼굴을 보고는, "너희 식구는 여섯이지, 여덟이지." 하면서 분량을 맞추어 고기를 바가지로 데어 주었다. 그의 놀라운 배분 방식에 이의를 제기하는 사람은 아무도 없었다. 다 나누어 준 나머지 분량은 쇠방오 아저씨 몫이었는데, 적지도 많지도 않았다.

쇠방오 아저씨는 머리를 짧게 깎은 데다 앞이마가 둥그렇고 매우 여물어 보였다. 그가 단단한 앞이마로 박치기를 하는 날이면 나가떨어지지 않는 사람이 없었다. 그의 머리가 '쇠바위'같이 단단했기에 '쇠방오'로 불렸던 것으로 기억된다.

어렸을 적 이야기다. 어로 기술이 향상되고 물고기 수도 줄어들 무렵 쇠방오 아저씨는 일찍 갔다. 단명이었다. 그의 죽음과 함께 후릿그물로 고기 잡는 풍습도 사라졌다. 지금 생각하면, 그는 식구 수에 따라 고기 분량을 맞추어 배분한 '배분적 정의正義'를 실현했다. 아리스토텔레스를 알 리 없는 그는 원시 공동체적 배분 방식을 계승한 전통적 인간형을 대표했다. 그리운 얼굴이다.

연안에 물고기가 희귀해지고, 잡는 수산업과 함께 기르는 수산업이 보편화된 오늘날 돌발이나 후릿그물로 고기 잡이를 할 인력이 있을 리 없다.

멸망해 간 그 갯마을 이야기를 지금은 오영수 소설 〈갯마을〉에서나 읽을 수 있을 따름이다.

(2017. 10. 7.)

충무 김밥과 화풍단

경남 거제 지심도에서 전남 여수 오동도에 이르는 바닷길을 한 려수도라 한다. 해상 국립 공원으로 지정할 만큼 소중한 물길이 다. 곡선에 곡선이 거듭되는 리아스식 해안과 크고 작은 섬들이 줄지어 선 사이로 굽이지며 흐르는 쪽빛 바다, 그 아름다움은 필설로 다하기 어렵다. 바다라기보다 차라리 큰 강물이나 호수라 할 만한 곳이다.

1950년대부터 1970년대까지 이 아름다운 물길을 다니던 여객선이 있었다. 창경호, 갑성호, 금양호, 태안호, 경복호 등의 이름이 지금도 뇌리에 생생히 남아 있다. 특히 창경호는 아픈 기억으로 남았다. 풍랑이 거센 겨울날 거제도 끝머리에서 부산 쪽으로 좌회전하려던 창경호는 가덕도에서 좌초하여, 선장만 살고 여객들은 모두 희생되었다. 그때 우리 고장 사람들은 행실이 좋지 않은 여성을 창경호라 불렀다. 남자를 너무 많이 싣는다고 해서 붙인 별명이었다.

이들 여객선은 전남 여수, 경남 남해·하동 노량, 삼천포(지금의 사천시 삼천포항), 충무(본디 통영), 거제 성포, 부산을 정기적으로 왕래했다. 그때에는 뭍으로 길이 잘 닦이지 않았기에, 이 긴 물길이야말로 남도 사람들이 전라도와 경상도 부산을 오가도록 편의를 제공한 고마운 통로였다. 지금 광주·전라 사람들이 부산 인구의 24% 가량을 차지하게 된 단초를 제공한 것이 이 물길이었다.

이들 여객선은 지하 1층에 지상 2층인데, 맨 위층의 6할은 갑판이고, 이물 쪽에 선장실과 1등실이 자리잡고 있었다. 3등실과 2등실의 배삯 차이는 얼마 되지 않았으나, 1등실은 꽤 비쌌다. 배가 크고 속력이 만만치 않았어도, 워낙 먼 거리다 보니 사람들은 몹시 지루해 했다. 앉은 채로 조속조속 조는 사람도 더러 있고, 자리가 넉넉하면 간혹 모로 누워 잠을 청하기도 했다. 뱃전에 부딪치는 물결 소리가 쏴아쏴아 들릴 뿐 선실은 대체로 적막했다.

이 정적을 깨는 소리 둘이 있었다. 충무 김밥과 화풍단을 파는 소리였다.

배가 충무항에 닿아 머무는 시간은 길지 않았다. 그 짧은 시간을 놓칠세라 충무 김밥 장수는 비호같이 뱃전을 더위잡고 올라 김밥을 팔고는 성포에서 내렸다. 충무 김밥은 맛이 있었다. 허기 진 시절이었으니, 무엇인들 맛이 없었겠는가.

또 하나 졸음을 깨운 것은 화풍단 장수의 구수한 입담이었다.

"여러분 안녕하십니까? 불초 이 사람은 만병통치약 화풍단을 가지고 오늘도 여러분을 찾아왔습니다."

그는 빛 바랜 흑갈색 중절모를 벗으며 끄덕 목례를 했다.

"식체, 주체, 고구마 급히 먹고 탈난 데 이 화풍단 열 알이면 직방입니다. 허다뿐이겠습니까? 먹은 것도 없는데 명치 끝으로 치밀어오르는 에엔(여인)네들의 전정, 배를 부여잡고 떼굴떼굴 구를 정도로 사람 잡는 토사곽란, 배가 늘 더부룩하고 답답한 만성 위장병은 말할 것도 없고, 에엔네들의 냉병까지 두루두루 듣는 가정 상비약 화풍단을 소개합니다."

그가 둘러댄 병명은 다 열거하기도 숨찰 지경이었고, 말솜씨는 청산유수였다. 그의 말은 충동구매를 부추기기에 부족함이 없었기에, 웬만한 사람이면 그 화풍단을 한 차례씩은 샀다.

배는 항구에 닿을 때와 떠날 때 확성기로 구수한 유행가를 틀었다. 그 가운데 제일 가슴을 울린 노래는 남인수의 〈이별의 부산 정거장〉과 은방울 자매가 부르는 〈삼천포 아가씨〉였다.

이른바 '느림의 미학'을 만끽하던 시절의 이야기다. 새마을운동으로 탄탄대로가 된 자동찻길과 기찻길이 경이롭도록 시간을 단축한 지금, 새삼 그 시절의 충무 김밥과 화풍단을 팔던 사람들이 그립다. 지나간 것은 모두 아름답다는 감상적感傷的 낭만 때문인가. 특히 그 중절모 쓴 아저씨와, 매양 속는 줄 알면서도 화풍단을 사던 숫된 사람들이 그리운 걸 어쩌랴. 1950~1970년대의 그리운 정경이었다.

내 고향 남쪽 바다

나는 행복한 사람이다. 좋은 부모님과 훌륭하신 스승님과 선한 제자들을 만난 것은 복된 일이다. 또 하나 복된 일은 아름다운 고향에서 태어난 일이다.

내 고향은 남해다. 남해는 '자연 낙원'이다. 남해는 북으로는 경남 하동과 마주하며, 북서쪽으로는 전남 광양·여수와 눈바라기를 하는 해상의 낙원이다. 북동쪽으로는 사천시 삼천포와 고성을 마주한다. 연륙교인 창선삼천포대교가 놓여 관광객들이 연락부절이다. 동녘 바다 건너에는 통영의 사량도와 수우도가 부르면 손짓할 듯이 그리움을 머금고 떠 있다.

소금강이라 불리는 남해 금산錦山은 38경을 자랑하는 천하 명산이다. 조선 태조 이성계가 100일 기도를 올렸다는 전설을 품은 곳도 금산이다. 금산 정상에 올라 서면, 갈맷빛 한려수도가 한눈에 들어온다. 거제 지심도에서 여수 오동도에 이르는 한려수도를 바라보며 자라난 남해인들은 꿈이 원대하고 개척 정신이 강하다. 남해에서 좋은 사람과 큰 인물이 많이 나는 것은 아름답고 광활한 대자연이 주는 청청한 에너지 덕이다. 내 외가는 금산 자락 아래 마을 삼동면 동천리이며, 진외가는 난음리다.

창선면 장포의 우리 집은 빛으로 충만한 동향 집이었다. 푸른 바다 건너 사량도 위로 해와 달이 우리 집을 향하여 정면으로 떠올랐다. 잠 안 오는 달밤에 홀로 집을 나서면, 무연히 펼쳐진 하얀 모래밭에 잔물결이 '빛과 고요'를 깨우고, 때를 만난 자그만 갈게들이 달맞이를 나왔다. 전설 같은 자연 낙원이었다.

나는 소년 시절부터 그 아름다운 바닷가에 동향집을 지어 우리 6남매를 길러 주신 부모님께 무한히 감사한 마음으로 살아 왔다. 천생 선비일 수밖에 없으셨던 선친의 사업 실패로, 농사일과 공부를 병행해야 하는 주경야독의 곤고한 학창 시절을 보내면서도 부모님을 원망하거나 내 처지를 서러워하지 않았다. 우리 집 살림은 자급자족하기에 빠듯하였으나, 흉년에도 굶지 않는 것이 어디냐고 생각하며 바다같이 넓고 푸른 꿈을 꾸며 공부했다. 노트가 없으면 값 싼 회색 포장지를 사서 필기를 하고, 잉크 대신 물감을 물에 풀어서 썼다. 연습지가 없으면 학교 갔다 오는 흙길에다 도형을 그렸다 지우며 수학 공부를 했다. 영어 공부는 왕복 40리 통학 길을 오가며 교과서를 통째로 외우는 식이었다. 이것이 내가 어려운 환경을 불평하지 않고 오히려 그것을 선용하는 나의 '성공 방정식'이었다.

하굣길을 가로막는 가파른 산길을 넘어 '목장 재'(고려·조선 시대에 목장이 있던 곳)에 이르면, 남해 바다의 아스라한 수평선 너머로 나의 꿈은 '미래의 신화'로 신기루처럼 피어 올랐다. 그리고 나는 그 신기루가 환영幻影이 아닌 현실이 되게 하겠다는 다짐 속에 귓갓길을 재우치곤 했다.

나는 물을 봐야 산다. 중학교 시절까지는 바다를 놀이터로 삼았고, 고등학교 시절에는 진주 촉석루에 올라 애잔하게 굽이쳐 흐르는 남강 물을 하염없이 바라보며 깊은 시정詩情에 잠기기도 하였다. 대학에 와서는 한강물을 보러 흑석동에 살기도 했고, 지금 사는 집도 한강이 흐르는 영동교 부근이다. 길 건너 숲속의 청담공원에서 이은상 시인의 〈가고파〉를 목청껏 부르다가 고향 사람과 해후하기도 했다.

내 고향 남쪽 바다 그 파란 물 눈에 보이네
꿈엔들 잊으리오 그 잔잔한 고향 바다
지금도 그 물새들 날으리 가고파라 가고파

어릴 제 같이 놀던 그 동무들 그리워라
어디 간들 잊으리오 그 뛰놀던 고향 동무
오늘은 다 무얼 하는고 보고파라 보고파

그 물새 그 동무들 고향에 다 있는데
나는 왜 어이타가 떠나 살게 되었는고
온갖 것 다 뿌리치고 돌아갈까 돌아가

가서 한데 얼려 옛날같이 살고 지고
내 마음 색동옷 입혀 웃고 웃고 지내고져
그날 그 눈물 없던 때를 찾아가자 찾아가

　이은상 시인의 시조에 김동진 선생이 곡을 붙인 청청한 노래 〈가고파〉다. 품격 높고 절제된 우리 서정을 실하게 녹여 담은 우리 가곡이 외면받는 현실이 안타까워서 길게 인용해 보았다. 속도에 쫓겨 여유를 잃어버린 현대인들에게 우리 가곡이 전하는 '느림의 미학'을 되살리는 풍조가 일어났으면 한다.

　아무튼 〈가고파〉는 꼭 나를 위하여 생겨난 노래인 것만 같다. 고향을 지키던 친구들은 벌써 불귀의 객이 되었고, 서울로 부산으로 살길을 찾아 떠난 벗들은 소식이 없다.

　남해는 유자 · 치자 · 비자 3자의 고장이다. 늦겨울부터 이른봄까지 짙붉은 동백꽃이 정념을 북돋우고, 가을날은 유자 향기가 마을을 감싸고 도는 곳이 내 고향 남해다. 흰 돛단배가 봄 바다에 둥실 떠나가고 여객선이 뱃고동을 구슬피 울리면, 소년 소녀와 아낙네 들은 제여곰 하염없는 그리움을 실려 보내던 고향. 나는 오늘도 〈가고파〉를 흥얼거리며 내 고향 남쪽 바다를 잊지 못하는 속절없는 나그네다.

제2장

소크라테스의 독배

소크라테스의 독배

　소크라테스는 저서를 남기지 않았다. 그의 수제자 플라톤이 쓴 《소크라테스의 변명》으로 그를 유추하여 알 뿐이다.
　소크라테스는 '나는 모른다.'는 가정으로 참 앎을 가르쳤다. 제자들을 향한 집요한 물음을 통하여 모른다는 결론을 우선 이끌어 내었다. 끝없을 것 같은 물음과 생각의 과정을 거치면서 진리와 비진리를 분별하게 한 그의 교수 방법이 이른바 문답법, 대화법, 산파술이다. '에듀케이션'이 속옛것을 끄집어내는 것이라니, 소크라테스는 참된 교사였다. 공자가 앎이 무엇이냐는 제자의 물음에 "아는 것을 안다 하고, 모르는 것을 모른다고 하는 것이 곧 앎이다."라고 한 말과도 통한다.
　소크라테스는 아테네 청년들을 그릇된 변론으로 선동하여 사회를 혼란케 한다는 대심원 의원 500명의 사형 표결로 죽었다. 그의 친구들이 뇌물을 써서 그를 탈출시키려 하였으나, 그는 듣지 않고 독배를 들었다.
　소크라테스는 현대식으로 말하면 실존 철학의 아버지다. 소크라테스 이전에도 그리스에는 탈레스, 헤라클레이토스, 파메니데스, 제노, 피타고라스, 엠페도클리스 등이 있어 서양 고대 철학사의 첫 페이지를 장식했다. 그들은 자연 철학자로서, 외부의 물질적 대상을 탐구하는 데 주력했다. 가령, 탈레스는 별을 탐구하기에 몰두하여 길을 걷다가 웅덩이에 빠질 정도였다. 요한네스 힐시베르거가 증언하듯이, 그들도 존재에 대하여 관심을 가졌으나 주된 탐구 대상은 외부 세계였다.

어느 날 소크라테스도 제자들도 해에게 물었다. "너는 대체 무엇이냐?"고. 해는 강렬한 눈길로 되쏘아보며 말했다. "너는 무엇이냐?"고. 그날 이후 소크라테스는 "너 자신을 알라."에 집중했다. 가상의 우화다. 이 말은 본디 델피 신전에 새겨져 있던 표어였으나, 소크라테스로 인해 유명해졌다.

소크라테스는 외부의 대상에로 향하던 눈을 인간의 내면으로 돌렸다는 점에서 서양 철학사의 신기원을 이루었다. 앞에서 말하였듯이, 그 이전의 자연 철학자들은 바깥 사물의 본질, 물질적이며 측정 가능한 세계의 법칙과 성분을 탐구했다. 이와 달리 소크라테스는 "그것은 다 좋으나, 철인의 마음속에는 그런 모든 나무나 돌, 반짝이는 별 들보다도 무한히 가치 있는 인간의 심령이 있다."고 했다.

소크라테스는 사람들이 너무 쉽게 정의定義를 내리는 사물의 확실성을 의심하기 시작했다. 명예, 덕, 도의, 애국심이란 무엇인가를 다시 묻기로 했다. 그는 그것들의 속내를 밝히기 위해 정확한 정의, 명료한 사고思考, 정밀한 분석을 추구하였다. 그의 이런 혁명적 사고와 행위를 기존 지배 세력은 용납할 수가 없었다.

그는 다수결이라는 숫자의 정치, 중우 정치衆愚政治를 통렬히 비판했다. "군중은 조급·무지無智 중에 결정하고, 한가·고적한 가운데 후회한다."는 유명한 말을 남겼다. 그는 "수효가 지혜를 낳는다는 생각은 천박한 미신이 아니냐."고도 했다. 한 사회는 가장 지혜로운 사람이 다스려야 한다는 것이 그의 지론이었다. 그의 제자 플라톤이 주장한 '철인 정치론'의 배경이다.

사람들이 배워 얻을 수 있는 것 이상으로 빨리 가르치는 사람이 다스려야 한다고 소크라테스는 말했다. 바로 그를 두고 한 말이다.

소크라테스는 독배를 들기 전에 말했다.

"즐거워하시오. 그리고 내 시신을 매장하여 주겠다는 말만 해 주시오."

그가 욕실에서 한참 시간을 보낸 뒤에 해가 지고 있었다. 그때 옥졸이 들어왔다.

"소크라테스 선생님. 선생님은 지금까지 여기 들어온 이들 중에 가장 존귀하고 온유하며 어진 어른이십니다. 상사의 명령을 받고 죄수들에게 독배를 주면 노하여 꾸짖고 악담을 하나, 선생님은 그러지 않으실 줄 믿습니다. (중략) 그럼 안녕히 가십시오."

옥졸은 눈물을 흘리며 돌아서 나갔다.

제자들은 해가 아직 지지 않았으니, 독배를 천천히 마시기를 권하였다. 소크라테스는 그러는 것은 이미 가버린 생명을 억지로 붙잡는 것에 지나지 않는 것이라 말하고, 극히 평온한 표정으로 독배를 마신 다음 조금 걷다가 침대에 누웠다. 제자들은 슬피 울었다. 소크라테스의 임종 자리에는 옥졸과 제자들 몇뿐이었다. 그가 '시끄럽게 울 여자들'은 모두 밖으로 내보내었기 때문이다.

"크라이토 군. 내가 아스클레피스에게 닭 한 마리를 빚졌으니, 그 빚 좀 갚아 주려나?"

소크라테스의 마지막 유언이었다.

이에 앞서 소크라테스의 아내 크산티페는 감옥으로 찾아와서 따졌다.

"왜 당신은 옳지 않은 법의 심판에 죽으려 하십니까?"

소크라테스는 답하였다.

"그럼, 당신은 내가 올바른 법에 따라 죽기를 원하시오?"

불쌍한 크산티페는 밥벌이조차 제대로 할 줄 모르고 울퉁불퉁 못생긴 이 사내의 엉뚱한 대답에 억장이 무너진 채 물러나왔다.

소크라테스는 진실로 정의롭지 못하고 부당한 권력의 횡포에 독배로써 맞서 승리했다. 독배를 피해서 도망쳤다면, 소크라테스는 소크라테스일 수 없었다.

역사에서 종종 비극의 패러독스는 진리다.

춘향과 페넬로페

사람 사는 풍속과 이치는 동서양 간에 크게 다를 바 없다. 사랑하고, 헤어지고, 만나고 하는 삶의 곡절에 얽힌 이야기에는 유사한 점이 적지 않다. 우리나라 고전에서 제일가는 열녀는 춘향이고, 그리스의 경우는 페넬로페다.

춘향은 남원 부사 변학도가 강요하는 수청을, 목숨을 걸고 거절하다가 옥에 갇힌다. 처절한 옥살이에도 끝내 정절을 지키는 춘향은 거지 차림으로 돌아온 이몽룡과 변치 않는 사랑으로 옥중에서 감격적인 상봉을 한다.

페넬로페는 이타케의 왕 오디세우스(호메로스의 〈오디세이아〉의 주인공)의 현숙한 아내다. 문제는 그리스 연합군과 강대국 트로이 군과의 전쟁으로 인해 빚어진다. 그리스 최고의 신 제우스는 세 여신을 이데 산으로 보내었다. 화근은 신들의 식탁에 초청받지 못한 불화의 여신 에리스가 그 식탁에 던지고 간 황금 사과에 있었다. 이 사과는 창세기의 선악과, 빌헬름 텔의 사과, 뉴턴의 사과, 스티브 잡스의 애플과 함께 인류 역사에 한 획을 그은 사과다.

에리스의 황금 사과에는 '가장 아름다운 여신에게'라는 글귀가 적혀 있었다. 이에, 황금 사과의 주인이 되겠다고 여신 세 명이 나섰다. 제우스의 아내 헤라, 지혜의 여신 아테나, 미의 여신 아프로디테 등이었다. 그녀들은 제우스의 판정을 요구했다.

제우스는 지상을 내려다보던 중에 트로이를 주목했다. 그는 미의 여신 셋을 트로이 왕자 파리스가 깃들여 있는 이데 산으로 보내었다. 파리스는 세 여신 중에서 누가 제일 미인인가를 판정해야 했다. 헤라는 전 인류의 왕이 되게 해 주겠다는 약속을 했고, 아테나는 싸움에서 늘 이기게 해 주겠노라고 했다. 마지막에 아프로디테는 이 세상에서 제일가는 미인을 주겠다고 했다. 파리스는 아프로디테의 손을 들어 주었다. 이로써 아프로디테(로마 신화의 비너스)는 명실상부한 최고의 미의 여신이 되었다.

파리스는 아프로디테의 약속대로 세계 최고의 미녀 헬레네를 얻었다. 헬레네는 스파르타 나라 아가멤논의 아우 메넬라우스의 아내였다. 아프로디테의 부탁을 받은 프리아모스는 그의 아들 파리스를 스파르타에 사신으로 보내었다. 메넬라우스는 파리스를 융숭히 접대하였다. 열흘째 되는 날에 메넬라우스가 외조부의 장례식에 참례하느라고 크레타로 떠났다. 이 틈에 파리스는 헬레네를 유혹하였고, 집안에 있던 온갖 보물을 챙겨 그녀와 함께 도주했던 것이다.

이에 분개한 그리스 연합군은 트로이 원정길에 오른다. 본디 그 전쟁에 뜻이 없었던 오디세우스는 온갖 회유와 속임수에 걸려서 이 전쟁에 참여하게 되었다. 그리스 연합군은 길을 잘못 들어 허송 세월을 하는 등, 우여곡절 끝에 목마에 장정들을 숨기는 계교로 트로이성을 함락하기에 성공한다. 승전에 결정적 공적을 세운 오디세우스는 폭풍을 만나서 파선하는 등 온갖 고난을 이기고 20년 만에 집으로 돌아온다.

오디세우스는 아테나의 조언대로 거지 모습으로 변장하고 집으로 찾아갔다. 그의 집에는 그의 아내 페넬로페에게 구혼한 사나이 113명이 득시글거렸다. 그들은 아예 오디세우스의 집에 눌러 살며 그 집 가산을 거덜 내었다. 하인들도 주인을 배신하고 그들에게 빌붙어 살았다. 어머니는 자결하고, 아버지는 시골로 내려갔다.

거지 차림으로 자신의 궁전으로 찾아간 오디세우스를 알아본 것은 늙은 사냥개뿐이었다. 그와 고락을 같이했던 사냥개는 너무 늙어 일어서지 못하고 꼬리를 흔들다가 죽었다. 오디세우스는 탐욕스럽고 오만한 구혼자들에게 음식을 구걸했다.

페넬로페는 무례한 구혼자들을 꾸짖은 뒤에, 새 남편을 선택할 결심을 밝혔다. 그녀는 구혼자들의 유혹을 물리치면서, 시아버지의 수의를 다 짜면 재혼하겠노라 했다. 낮에는 짜고 밤에는 실을 풀면서 오디세우스를 기다렸다. 그녀는 거지더러 혹시 남편의 소식을 아느냐고 물었다. 거지는 남편이 곧 돌아올 것이라고 말한다.

페넬로페는 활쏘기 경기를 열어 남편감을 뽑겠다고 했다. 유모가 거지의 발을 씻다가 그가 오디세우스임을 알아보나, 이를 비밀에 부치기로 한다. 구혼자들은 페넬로페의 요청에 따라, 오디세우스의 활로써 한 줄로 세우진 열두 도끼의 구멍을 화살 하나로 통과시키는 경기를 치러야 했다. 그들은 화살을 쏘기는커녕 활을 당기는 것조차 불가능했다. 막판에 거지가 나섰다. 구혼자들은 하나같이 반대했으나, 오디세우스의 아들 텔레마코스가 우겨서 그가 활을 쏠 수 있었고, 도끼들의 구멍을 한 번에 뚫었다.

그 거지가 남편임을 알게 된 페넬로페는 감격의 눈물을 흘렸다. 20년 만에 극적으로 재회한 그 감동은 필설로 어찌 다 형용할 수 있겠는가.

오디세우스는 교활한 구혼자와 배반한 하인 들을 모조리 도륙했다. 그리스 신화답다. 그리스 신화라는 게 신들의 질투와 살육, 무질서한 육체적 애욕, 이상한 출생과 전쟁 등 인간의 본성적 욕망 분출의 경연극으로 착종되어 있다.

트로이 전쟁은 신과 인간 사이에서 출생한 영웅들을 이 싸움터로 집결, 절멸시키려는 제우스의 계략에 따른 비극적 사변이었다. 마지막 살아남은 영웅 오디세우스도 정절을 지키며 기다린 아내와 재회하는 데까지는 성공했으나, 제우스의 계획은 거스르지 못한다. 오디세우스는 얼굴을 모르는 아들 텔레고노스의 독 묻은 창에 찔려 최후를 맞이한다. 영웅들의 최후였다. 제우스는 이로써 모든 영웅들을 몰락시키는 데 성공한다.

그리스의 이몽룡은 오디세우스이고, 춘향은 페넬로페다. 춘향과 페넬로페는 다른 남성의 강요나 유혹을 물리치고 정절을 지켰다. 이몽룡이나 오디세우스나 다 거지로 변장하였고, 전자는 자신의 권세로, 후자는 힘으로 적대자를 제압한다. 유사한 플롯이다. 춘향의 정절은 유교적 실천 윤리의 한 양상이고, 페넬로페의 정절은 개인 윤리적 선택의 길이다. 오디세우스이니까 기다린 것이다. 오디세우스가 죽자, 페넬로페는 곧장 재혼한다.

춘향과 페넬로페 이야기는 동·서양 사랑 문제의 보편성과 편차 문제의 원형적 표상이 아닌가.

품삯

 한 농장 주인이 오전 9시에 한 일꾼을 데려왔다. 오후 6시까지 일하게 하고, 일당 8만 원을 주기로 했다. 주인은 오전 11시에 두 번째 일꾼을 데려왔다. 또 오후 5시에 세 번째 일꾼이 왔다. 오후 6시에 일이 끝나자, 주인은 세 일꾼에게 임금을 똑같이 8만 원씩 주었다.

 첫째 일꾼이 불평을 했다. 오전 11시에 온 사람과 오후 5시에 온 사람 품삯이 어찌 자기와 같냐는 것이었다. 심지어 11시에 온 일꾼도 불평을 했다. 형식 논리로 보면, 이들의 불평은 당연한 것이다. 하루 8시간 일한 사람과 6시간, 1시간 일한 사람의 임금이 어찌 같을 수 있다는 말인가. 불공정 문제가 제기되는 장면이다.

 사람은 부자유와 함께 불공정을 참지 못한다. 세 사람에게 각각 8, 6, 1만 원을 주는 것이 공정하다고 할 것이다. 그런데 이 장면에 나오는 주인의 임금 지급 방식은 참으로 생뚱맞아 보인다. 이해관계를 따지면, 주인도 손해다. 품삯으로 총 24만 원을 지출했으니, 9만 원이 손해다. 반면, 일꾼 세 사람 중에 손해 본 사람은 아무도 없다. 처음 온 일꾼은 약속한 일당 8만 원을 받았으니, 다른 두 일꾼 때문에 피해를 본 것은 한 푼도 없다. 둘째 일꾼은 산술적으로 주인에게 2만 원어치 고마워하고, 세 번째 온 일꾼은 7만 원어치를 고마워할 것인가. 또한 일꾼들 각자 살림 사정이 다를 수 있지 않은가? 처음 온 일꾼보다 마지막에 온 일꾼의 사정이 더 어려울 수도 있지 않은가?

우리는 자신에게 아무런 피해가 없는데도, 다른 사람이 더 잘 대접받는 것을 자주 못마땅해 한다. 부질없는 일이다. 그런데 둘째, 셋째 일꾼은 주인에게 고마워할까? 대체로 그렇지 않다. 사람들은 대체로 섭섭한 것만 오래 기억하고, 고마웠던 기억에는 심히 인색하다. 배은망덕은 우리 인간의 관습이다. 그러기에 동양 고전은 "은혜를 베풀되 보답을 구하지 말고, 남에게 주고 나서 뒷날 후회하지 말라."고 했다. 신약 성서도 "왼손이 하는 일을 오른손이 모르게 하라."고 가르친다. 주인도 둘째와 셋째 일꾼이 고마워할 것을 기대하지 않을 선한 사람이다.

위의 이야기는 천국의 품꾼 이야기를 비유로써 보여 준 마태복음(20:1~16)의 내용에서 원용한 것이다. 자기에게는 아무리 손실이 없는데도 남이 더 좋은 대접을 받는 것을 시샘하는 것이야말로 어리석지 않은가.

전세 보증금 이야기

　전세살이의 고통으로 신음하는 사람이 부쩍 늘었다. 정부의 섣부른 부동산 정책 때문이라고들 한다. 스물여덟 번이나 발표한 정부 정책이 집값과 전셋값을 다락같이 올려 놓았다. 사정이 이렇게 심각해지다 보니, 정부가 의도적으로 집값을 올렸다는 음모론이 공공연히 제기된다. 그런 주장도 무리가 아니다. 청와대 정책 실장을 지낸 이의 저서에 버젓이 그런 의도가 노출되어 있기 때문이다. 그는 국민들이 집을 소유하게 되면 자연히 보수화된다고 썼다. 장기 집권을 하기 위하여 집 없는 인구가 많아야 한다는 것으로 해석되는 대목이다. 설마 그러랴 싶지마는, 이제 무주택자가 증여를 받지 않고 집을 사는 일은 거의 불가능한 나라가 되었다.

　전세난이 이슈가 되었다는 뉴스에, 문득 대학 시절의 아픈 기억이 떠올랐다. 대학 시절에 열심히 공부하여 국비 장학금을 탔다. 때로는 그 돈을 고향 아버님께 보내어 드려 동생들 학비에 보태시게 했다. 4학년 때에는 이화동 2층에 전세방을 구하는 데 보증금으로 썼다.

처음 만났을 때 그 댁 주인 아주머니는 선한 사람으로 보였다. 그때까지 사람이면 누구나 믿고 좋아했던 나의 어리석음을 알아차리는 데는 오랜 시간이 걸리지 않았다. 나무 바닥으로 된 2층 방은 난방이 되지 않아, 영하 21도인 겨울에는 다른 곳에서 지낼 수밖에 없었다.

날이 풀리어 전세방으로 돌아온 나는 놀라지 않을 수가 없었다. 4년 동안 모은 대학 신문과 내 책들을, 주인 아주머니는 고물로 팔아 치우고 말았다. 전세 계약이 완료된 날 보증금을 반환하라는 나의 요구를 단칼에 묵살했다. 무작정 돌려 줄 돈이 없노라고 딱 잡아떼었다. 가관인 것은 그 댁 아들이었다. 군에서 제대하여 온 아들은 실업자였다. 자기가 잘 아는 고위층에 말하여 나를 좋은 직장에 취직시켜 줄 터이니 로비 자금을 듬뿍 달라고 했다. 참으로 염치없고 분수를 모르는 젊은이였다.

내가 두 번째 대학 생활을 곤고하게 할 때, 마음을 굳게 다잡고 전세 보증금 반환을 독촉하려고 그 댁을 찾아 갔다. 주인 아주머니는 없는 돈을 어떻게 주냐고 도리어 나를 닦달했다. 어처구니없는 사태에 헛웃음을 짓고 있는 나를 향하여 그 댁 아들이 삿대질을 했다. 분한 마음을 누르는 나의 뇌리에는 '전세금 반환 청구 소송' 같은 법리가 잠깐 떠올랐다가 이내 사라졌다. 도적이 오히려 몽둥이를 드는 적반하장의 그 사태를 정상적인 사람이 감당하기는 글렀다고 생각한 나는 하릴없이 비탈길을 내려왔다. 고향에서 고생하시는 부모님을 생각하면, 그들에게 떼이고 만 전세금이 한량없이 아까웠다.

시간은 무심히 흘렀다.

일자리를 잡고 생활이 다소 안정되었을 무렵에, 나는 생활 용품을 구입할 요량으로 남대문 시장엘 들렀다. 그곳에서 뜻밖에 전셋집의 그 아주머니와 눈길이 마주쳤다. 아주머니의 표정은 심드렁했다. 나는 반갑게 인사했으나, 그 아주머니는 아무 말도 하지 않았다. 나는 아주머니 곁에 쭈그리고 앉아 그 댁 사정에 대하여 물어 보았다. 아주머니의 얼굴은 찌그러졌다. 그리고 띄엄띄엄 집안 사정을 털어놓았다. 늙으신 시부모님과 실업자인 남편과 아들을 아주머니 혼자서 부양한다는 것이었다. 난전에서 푸성귀와 과일 등속을 팔고 있는 아주머니가 새삼 안쓰러워, 그동안 쌓인 분노가 봄눈 녹듯 사그라졌다. 나에게 미안한 기색조차 보이지 않는 그 아주머니에 대한 경멸감도 사라졌다. 그런 생존 방식이야말로 '그 아주머니의 최선'이라는 생각이 들었다. 나는 차비만 남기고 주머니에 있는 많지 않은 돈을 아주머니 손에 쥐여 드렸다. 그것도 당연한 것으로 여기고, 고맙다는 기색조차 보이지 않는 그 아주머니가 밉지 않고 가엾을 뿐이었다. 그 아주머니에게 생존이 절체절명의 명제일 뿐 윤리 의식 같은 것은 사치였다.

좋은 지도자는 법치는 물론 윤리의 영역에서조차 다스려지지 않는 이런 기막힌 영토 주민들 생존의 실상을 늘 마음에 담고 사는 사람이다. '그들의 최선'이 이같이 몰법치적이고 몰윤리적인 질곡에서 해방될 수 있는 세심한 통치술 말이다.

  학생 시절은 말할 것도 없고, 혼인한 후에도 한동안 나는 전셋집을 전전하면서 설움을 겪고 모욕도 당하였다. 서울을 비롯한 대도시의 주민들 중에는 전세와 사글세 집을 옮겨 다녀야 하는 주민이 많다. 정부가 섣부른 정책으로 집 없는 사람들에게 설움을 넘어 절망을 안긴 죄는 석고대죄하는 것만으로는 씻을 수 없을 것이다. 지금 서울시는 월세살이가 세살이의 절반이 되었다. 문재인 정부의 죄가 크다.

  나는 지금 외환 위기 시절에 우리 집 지하 단칸방에 세들어 살던 보람이네가 어디서 어떻게 살고 있는지 아프게 궁금하다.

공자와 제자

세속에서는 세계 4대 성인聖人으로 공자(BC 551~479), 석가모니 (BC 563년경~BC 483년경), 소크라테스(BC 470~BC 399), 예수(BC 4? ~AD 30)를 꼽는다. 예수를 제외한 동서양 3대 성인이 거의 비슷한 시기에 인류의 스승으로서 깨달음을 주었음은 우연이 아니었던 듯하다. 근대 문필가 민태원은 〈청춘 예찬〉에서 "공자는 무엇을 위하여 천하를 철환하였으며, 석가는 무엇을 위하여 설산에서 고행하였으며, 예수는 무엇을 위하여 광야에서 방황하였던가?"를 물었다. '철환'은 '철환천하轍環天下'의 준말로서 수레를 타고 온 세상을 돌아다님을 뜻한다. 유교, 불교, 기독교 창시자의 가르침에 대한 근본적인 물음을 던진 글이다.

공자의 제자는 3천 명 정도였다고 전한다. 그 중에서 공자에게 선택된 주요 제자는 77명이었다. 《중니 공자전》에 기록된 인물들이다. 공자는 비록 대륙의 동쪽 변방의 노나라 산둥山東의 취푸曲阜(곡부) 사람이었으나, 여러 나라 사람들이 그를 찾아와서 가르침을 받았다. 공자는 제자들의 개성을 통찰하며 맞춤 교육을 하였다.

 공자는 예의, 음악, 활쏘기, 말 부리기, 글씨 쓰기, 수량 헤아리기의 육예에 능한 제자 77인을 특히 사랑했다. 그들은 모두 재능이 뛰어났으며, 각자 개성이 있었다. 덕행에는 안연(안회)·민자건·염백우·중궁, 정치에는 염유·계로(자로), 변설(말솜씨)에는 재아·자공, 문학에는 자유·자하가 빼어났다.

 하지만 자장은 잘난 체하는 데가 있고, 삼(증자)은 둔한 편이며, 시(자고)는 우직하고, 유(자로)는 거칠었다. 도를 즐기는 회(안회)는 끼니를 자주 거를 만큼 곤궁했다. 사(자공)는 가르침을 잘 따르지 않고 돈벌이에 몰두했는데, 그의 판단은 정확했다. 공자가 매긴 제자들의 성적표다.

 공자는 수제자 안연(안회)을 각별히 아꼈다. "자기의 욕심을 이겨내어 예禮로 돌아가면, 천하가 그의 인덕을 그리워하게 될 것이다."고 할 정도였다. 안연은 스승의 가르침을 그대로 실천했고, 세상이 저버린다 해도 바른 도리를 따랐다. 공자는 안연을 자신과 동일 반열에 올려서 칭찬하였다. 누가 학문을 가장 좋아하느냐는 질문에 "안회지요. 그는 학문을 좋아했으며, 자기 감정에 치우쳐 남에게 불쾌감을 주지 않고, 같은 잘못을 두 번 되풀이하지 않았습니다."고 평가했다. A+ 학점을 주었다. 안회가 일찍 세상을 떴을 때, 공자는 몸소 문상을 가서 지극히 애통해 하였다.

 덕행이 높은 제자 염경이 한센병이 걸렸다. 그의 집에 문병을

간 공자는 창 너머로 그의 손을 잡고 애통해 하며 천명을 한탄하였다. 자로는 천성이 거칠고 용맹을 뽐내었으며, 자존심이 강했다. 수탉 꼬리로 관을 만들어 쓰고, 수퇘지 가죽으로 주머니를 만들어 차고서 공자를 업신여기며 폭행까지 하려고 했다. 그럼에도 공자는 그를 예로써 감화시켜 제자가 되게 하였다.

공자는 70이 넘은 아버지와 16세 된 어머니 사이에서 태어났다. 위로 이복 누이 아홉과 다리에 장애가 있는 이복형이 있었다. 공자는 웃머리가 움푹 파이고, 키는 9척 6촌이나 되는 키다리였다. 그는 가난하고 천하여 남의 집 창고지기와 축사지기로 일했다.《공자세가》의 내용이다.

공자가 남긴 명언은 많으나, "정의가 행해지는 나라에 살면서 가난한 것은 부끄러운 일이다. 그러나 불의가 통하는 나라에서 부유하거나 지위가 높은 것은 더욱 부끄러운 일이다."고 한 말은 잊히지 않는다. 좋은 세상이란 "임금이 임금답고 신하가 신하답고 아비가 아비답고 자식이 자식다운 것君君臣臣父父子子이라." 한 말도 무릎을 치게 한다.

공자는 3세에 아버지를, 17세에 어머니를 여의였다. 19세에 혼인을 하여 호구지책으로 여러 천한 일을 하였던 것이다. 그는 예禮와 악樂을 비롯한 학문 연구에 정진하여 일가를 이루고 제자들을 가르치며, 이를 실천하기 위하여 노나라 대사구가 되는 등 혼란한 춘추 시대를 예로써 다스리려 하였으나 뜻을 이루지 못하였다. 권력과 예도禮道는 자고로 물과 기름 같은 것이 아니던가.

그럼에도 공자의 가르침은 실천 윤리로 수많은 동아시아인을 짐승과 준별되는 삶을 살게 하였다. 그의 제자들의 개성에 따른 맞춤형 교육 방법은 보편적이고 항구적인 교수·학습법이라 할 만하다.

그러나 공자는 죽음의 문제를 실존적 차원에서 탐구하려는 치열성에서 비켜나 있었다. 죽음이 무엇이냐는 제자의 물음에 "삶을 모르거늘 죽음을 어찌 알쏘냐未知生焉知死?"고 했다. 유교는 종교라기보다 현세주의적 실천 윤리에 가깝다.

이것이 교사로서의 공자의 위대성과 한계다. 다만, 공자의 지극한 제자 사랑에 비하면, 교사로서의 우리는 티끌이다.

예수의 제자

예수의 제자에는 몸소 가르친 열두 제자와 성령으로 제자가 된 바울 사도가 있다. 시몬 베드로와 형제 안드레, 세베대의 아들 야고보와 형제 요한, 빌립과 바돌로매, 도마와 세리마태, 알패오의 아들 야고보와 다대오, 가나안 사람 시몬과 가롯 유다가 그들의 이름이다. 가롯 유다는 은전 서른 냥에 스승 예수를 팔고, 그 죄책감에 스스로 목숨을 끊었다. 예수의 부활·승천 후에 제비 뽑기로 택함을 받은 이가 맛디아다. 유스도 요셉은 탈락했다.

처음에 제자들은 그의 스승이 조국 유다를 로마의 압제에서 해방시켜 줄 정치 지도자로 생각했다. 병든 이를 낫게 하고, 다리가 온전치 못한 이를 일어나 걷게 하며, 보리떡 다섯 개와 물고기 두 마리로 5천 명을 먹이고, 죽은 지 나흘이나 된 이를 살리고, 파도를 꾸짖어 잔잔케 하며, 물 위를 걷는 예수는 로마 군대 따위야 말씀 하나로 일패도지케 할 세속사의 영웅이라고, 그들은 믿고 따랐다. 그들은 왕위에 오른 예수 아래서 고관대작이 될 꿈을 꾸었을 것이다.

그들의 꿈은 한갓 백일몽이었다. 철통같이 믿었던 스승 예수가 겟세마네 밤 동산에서 검과 몽치를 든 무리에게 속절없이 붙들려 가자, 그들은 도망치고 말았다. 대제사장 가야바의 집에서 스승 예수가 모욕당할 때, 바깥 뜰에까지 따라갔던 유일한 제자 베드로에게 그 집 하인이 예수와 같이 있지 않았느냐고 물었다. 베드로는 그곳의 모든 사람 앞에서 두 번이나 모른다고 했다. 곁에 섰던 사람이 다시 묻자, '저주하고 맹세하며' 아니라고 했다. 이때에 새벽 닭이 울었다. 절대 충성을 맹세하는 베드로를 향하여, "닭 울기 전에 네가 나를 세 번 부인하리라."고 한 스승의 예언이 생각난 그는 밖에 나가서 심히 통곡했다.

이 모양이었던 제자들이 무슨 까닭에 예수의 말씀을 전파하는 길에 목숨을 걸고 나섰던 것일까? 그것은 예수의 부활 사건이다. 그들이 겁에 질리고 낙담하여 다락방에 모여 있을 때, 부활한 예수가 문을 열지 않은 채 들어왔다. 죽은 지 사흘 만에 부활하리라 했던 스승의 예언을 제자들이 까맣게 잊고 있었던 터에, 이 놀라운 일이 일어난 것이다. 제일 의심 많은 도마는 스승의 옆구리에 난 상처와 손목과 발목에 난 상처를 만져 보고 나서야 믿음을 고백했다.

예수가 구세주 그리스도임을 확신한 그들은 땅 끝까지 말씀을 전하라는 가르침을 실천하기에 생명을 바쳤다. 십자가에 거꾸로 매달려서, 불에 태워져서, 돌에 맞아서, 심지어 톱에 잘려 목숨을 잃으면서도 말씀을 전하였다. 다시 말하거니와 그들을 이렇게 변화시킨 결정적 사건은 예수의 부활과 승천, 성령 강림 체험이었다.

예수 생전에 가르침을 직접 받지 않았으면서도, 그리스도의 사도使徒가 되어 기독교 세계화에 막중한 역할을 한 이가 바울이다. 그는 초기 기독교도를 잡아 죽이는 최일선에 있었던 사울이다. 그러던 그가 기독인들을 잡으러 다메섹(다마스쿠스)으로 가던 길에서 강렬한 빛과 함께 우렁찬 하늘 소리를 들었다. "사울아, 사울아, 네가 어찌하여 나를 핍박하느냐?" 살기등등한 기세로 기독인들을 체포하러 가던 사울(바울의 본디 이름)은 강렬한 빛에 눈이 멀고, 우렁찬 소리에 충격을 받아 꼬꾸라졌다. 예비된 사람 아나니아의 집에서 정양하여 육신과 영혼의 눈을 뜨고 거듭났다. 그는 세속사적 시력과 함께 영적인 눈을 뜬 바울이 되었다. 신약 성서의 서신 3분의 2를 바울이 썼다. 그는 소아시아(튀르키예), 그리스, 로마에 이르는 광범위한 지역에 걸쳐 고난에 찬 선교 사역을 하다가 순교했다. 그는 심각한 병고(간질이라는 설이 있음)에 신음하면서도 태형을 맞고, 감옥에 갇히기도 하며, 폭풍을 만나 파선한 배에서 살아남는 등 갖은 고난을 당하면서도 예수의 가르침을 배반하지 않았다.

신약 성서를 읽으면서 이 세상의 모든 교사들은 예수님의 사무치는 사랑과 단호한 질책을 배운다. 목숨을 걸고 스승의 가르침에 순종한 제자들의 행적에 우리 모두가 옷깃을 여밀 수밖에 없다.

   교육과 학습의 원리는 아가페적인 사랑과 진리 앞에서의 무조건적인 순종이다. 예수님과 그 제자들이 주는 교훈이다.

제3장

인생의 선용

인생의 선용

 청소년 시절에 마음의 양식이 될 명언을 가장 절제된 언어로 들려 주는 책은 로드 에이브버리의 《인생의 선용The Use of Life》이다. 에이브버리는 19세기 영국의 은행가요 정치가이며 과학자로서, 자존감이 강하면서도 섬세한 감수성을 품은 사람이었다. 찰스 다윈의 평가다. 그는 신을 부정하는 진화론자 다윈을 싫어하였으나, 이웃으로 이사온 그를 끝내 멀리하지는 못하였던 모양이다. 그의 인생론은 깊고 너른 지혜를 담았다.

 인생에서 배워야 할 가장 중요한 것은 어떻게 사느냐 하는 것이다. 사람들이 오래 살려고 애쓰는 것보다 더 노력하는 것이 없고, 인생을 보람있게 보내려고 애쓰지 않는 것보다 더 노력을 기울이지 않는 것도 없다.
 인생은 짧고 예술은 길며, 기회는 쉬 사라지고, 실험은 확실치 않으며, 판단하기는 어렵다. 히포크라테스가 그의 《양생법養生法》에서 한 말이다.

파괴에는 두 종류가 있는데, 하나는 시간의 파괴이고, 다른 하나는 인간이 저지르는 파괴다. 모든 파괴 중에 인간의 파괴가 가장 참혹하며, 우리의 가장 큰 적은 각자의 마음속에 품은 적이다.

인간은 자신을 현명하게 사랑하지 못하고 지나치게 집착한다. 인생이 편안하게 살아가는 터전은 아니지만, 그렇다고 악전고투하는 곳이 될 필요도 없다. 대부분의 재앙이란 축복이 오용되거나 과도히 남용되는 경우를 가리킨다.

바퀴나 톱니바퀴도 제자리를 벗어나면 조직에서 이탈되는데, 우리도 우주의 조직과 조화를 이루지 않으면 그 결과로 고통받는 것을 예상해야 한다.

용기가 지나치면 만용으로, 애정은 나약으로, 절약은 인색으로 바뀐다.

듣기를 잘하는 것은 쉽지 않으며, 말하기를 잘하는 것과 비슷하게 중요하다. 듣는 말이 무엇이든 비평가나 재판관처럼 받아들여서는 안 된다. 어리석은 자의 어리석음에 비추어 대답하지 말라. 유순한 대답이 분노를 피하게 한다는 말을 명심하라. 조소嘲笑가 악마의 비웃음이라는 말은 어느 정도 진리를 내포하고 있다. 상대방을 화나게 하거나 모욕해서는 결코 목적을 달성하지 못할 것이다. 부드러운 대답은 분노를 물리치나, 과격한 말은 노여움을 자극한다.

모난 사람을 모난 자리에, 원만한 사람을 원만한 자리에 배치한다는 것은 매우 중요하다. 사람을 의심하면 고용하지 말라. 그를 고용하였다면 의심하지 말라.

말은 은처럼 귀중하다. 그러나 침묵은 금이다. 사람들은 말할 것이 있기 때문이 아니라, 단지 말하기를 좋아하기 때문에 말을 많이 한다. 지나치게 단정적으로 말하지 말라.

실수하지 않는 사람은 결코 아무것도 이루지 못한다.

누구나 결혼식에서 장엄하고 아름다운 말로 좋을 때나 나쁠 때, 부유하거나 가난하거나, 아플 때나 건강할 때나, 죽음이 둘을 갈라 놓을 때까지 사랑하고 소중히 해야 한다고 약속한다. 비천한 사람도 사랑하고 있을 때는 원래 성질보다 더 고상하게 된다고 셰익스피어는 말하였다.

이 지구를 벗어나서 거주하는 영혼이 있는 것 같다. 그들이 가는 곳마다 발걸음마다 성취된 소원과 서로 간의 사랑에서 온 풍부한 매력이 넘치기 때문이다. 제레미 테일러의 말이다.

행복한 가정은 꼭 천국을 닮았다. 좋은 어머니 한 사람은 교사 백 명의 가치가 있다. 허버트의 말이다. 아내와 자녀를 사랑하지 않는 사람은 집에 암사자를 키우며 슬픔의 둥지를 품는 것이다.

내가 많은 것을 가졌을 때 나는 항상 불행했다. 나는 늘 무엇인가를 잃고 있었기 때문이다. 나는 가난해졌기에 아무것도 잃지 않는다. 잃을 것이 없기 때문이다. 그럼에도 나는 무엇인가 얻으리라는 희망으로 끊임없이 위로받고 유쾌하게 지내려 하기 때문이다.

 돈은 현명하게 잘 쓰면 많은 일을 할 수 있다. 돈의 가치를 깨달으라. 그러나 사랑하지는 말라. 구두쇠는 돈 그 자체를 위해서 돈을 사랑하는 사람이다.

 우리가 준 것을 우리는 가지고 있으며, 우리가 쓴 것을 가졌으며, 우리가 남긴 것은 잃은 것이다. 에드워드 코티에의 묘비명이다. 내가 모은 것을 내가 잃었고, 내가 써버린 것을 나는 가졌으며, 내가 준 것을 나는 가지고 있다. 누군가의 말이다. "죽은 왕의 두개골에는 왕관의 흔적만 남아 있을 뿐이다."라고 저술가 박스터는 말하였다. 아무것도 없는데도 자신을 부유하게 하는 이가 있고, 큰 재물이 있는데도 자신을 가난케 하는 이가 있다. 없는 체해도 돈이 많은 사람이 있다. 가난한 이에게 베푸는 이는 주님께 그걸 빌려 주는 것이다.

 돈을 사랑하는 것은 가장 천박한 일이다. 성서에서 모든 악의 뿌리라고 하는 것은 돈이 아니라 돈에 대한 사랑이다. 부유해지더라도 마음을 거기에 두지 말라. 너희를 위하여 보물을 땅에 두지 말라. 거기에는 좀과 녹이 슬어 해하며, 도둑이 들어 구멍을 뚫고 도적질하느니라. 오직 너희를 위하여 보물을 하늘에 쌓아두라. 산상수훈의 말씀이다.

 일만 하고 놀지 않으면 아이는 바보가 된다. 운동 경기는 시간 낭비가 아니다. 웰링턴 공작이 워털루 전쟁의 승리는 이튼 칼리지 운동장에서 이루어진 것이라고 한 말은 옳다. 사립 학교의 유익하고 좋은 많은 교훈은 운동장에서 이루어진다. 그러나 운동 경기는 삶에 휴식이 되어야지, 직업이 되어서는 안 된다.

각기 다른 방식이기는 하나, 모든 날씨가 기쁨을 준다. 나쁜 날씨는 실제로 없으며, 여러 종류의 좋은 날씨만 있다.

영원히 살 것처럼 공부하라. 그러나 내일 죽을 것처럼 살아라. 지식은 많이 배운 것을 자랑하고, 지혜는 더 알지 못하는 것에 겸손하다.

파스칼은 말했다. "인간은 갈대에 지나지 않고 자연계에서 가장 연약한 갈대지만, 그는 생각하는 갈대다. 인간을 파멸시키기 위하여 우주 자체가 무장할 필요가 없다. 한 번의 입김, 한 방울의 물이면 그를 멸망시키기에 충분하다. 그러나 우주가 그를 파멸시킨다고 해도, 인간은 보다 고귀하다. 왜냐하면 인간은 자신이 죽는다는 것을 알기 때문이다. 그리고 우주는 인간보다 우세하다고 해도 자기 힘을 알지 못한다."고.

캠파니아의 사치는 눈이나 알프스산도 정복할 수 있었던 한니발을 무기력하게 만들었다. 우리가 감각들에 굴복하게 되면, 마녀 사이렌이 그랬듯이 우리는 인생이라는 소용돌이와 암초에서 파산하게 된다. 일단 악마가 문간에 들어서면, 평화 · 희망 · 즐거움은 이상 더 그곳에 거주하지 않는다.

머콜레이는 재산 · 명예 · 지위 · 권력 등을 가지고 있었으나,

자신이 일생 동안 가장 행복했던 시간은 책에서 얻었다고 했다. 그는 자서전에다 "나는 독서하지 않는 왕보다 책이 많은 다락방에서 가난한 사람으로 살겠다."고 썼다.

책은 분명 살아 숨쉬는 존재다. 그대의 마음을 천국까지 끌어올리는 영광스러운 정신의 소유자는 죽지 않는다. 우리 이후에 태어날 후손들 마음속에 산다는 것은 죽은 것이 아니다.

나라를 세우는 데는 천년 세월도 모자라지마는, 파괴하는 데는 한 시간이면 충분하다.

남을 위해 일하는 것은 가장 비천하는 노동이라도 성스럽다.

인간의 생존은 신비에 둘러싸여 있고, 우리의 경험이라는 좁은 범위는 끝없는 바다 가운데 존재하는 작은 섬에 지나지 않는다.

독수리는 썩은 시체 외에는 아무 냄새도 맡지 못하며, 북아메리카 큰 자라는 알을 깨고 나오기 전에 물고, 죽은 뒤에도 물어뜯는다. 마찬가지로 어떤 사람은 남의 결점을 찾아다니며 살아 간다. 비판하는 것보다 칭찬하는 것이 훨씬 현명하다.

새들은 초자연적이며 영묘靈妙한 존재다. 성 프란치스코는 생각했다. 새들도 영적인 존재일 것으로 보고 새들과 대화했다. 킹슬리는 천사들이 하늘 나라에서 신을 찬송하는 것처럼 숲속에서 신을 찬송하는, 그렇게도 아름답고 경탄스러운 새들을 경외하는 것이 인간의 존엄성을 추락시킨다고 생각하지 않았다.

은혜를 모르는 자식을 둔 것은 뱀의 이빨보다도 얼마나 더 예리하게 상처를 주는가? 햇볕을 쬘 가치가 없는 사람이 얼마나 많은가? 그런데도 해는 그런 사람에게도 뜬다. 세네카의 말이다.

근심하는 하루는 노동하는 일주일보다 사람을 더 피로하게 한다. 말은 대지의 딸이나, 행동은 하늘의 아들이라고 존슨 박사는 말했다.

절제, 침묵, 질서, 결심, 검약, 근면, 성실, 정의, 중용, 청결, 안정, 정숙, 겸손은 순서대로 실행해야 할 13가지 미덕이다. 프랭클린의 말이다.

모든 왕관은 얼마만큼 가시로 되어 있다. 마리 드 메디시스는 프랑스 여왕이자 섭정자로서 프랑스 왕과 스페인 왕과 영국 여왕 등 세 나라 왕의 어머니이면서 사보이 공작 부인이었는데, 결국 자녀들에게 버림받아 그네들 나라에 가지 못하고 십년 동안 학대받다가 클론에서 비참하게 굶어 죽었다. 지위가 무슨 소용이 있는가? 그래도 높은 지위에 있게 되면 빈틈없이 공평하고 친절해야 한다.

악행 중에 번영하는 것보다 더 큰 불행은 없다. 인류 가운데는 두 부류가 있다. 베푸는 사람과 해를 끼치는 사람이 있다. 만일 당신이 후자에 속한다면, 친구를 적으로, 기억을 고통으로, 인생을 슬픔으로, 세상을 감옥으로, 죽음을 공포로 바꾼다.

4차 산업 혁명 시대라고들 야단이다. 전 세계 선진국 사람들은 너나없이 인공 지능과 기기에 대하여 말한다. 놀랍게도 대다수가 사람이 어떠해야 하는가에 대하여 말하지 않는다.

존 웨슬리는 말하였다. 우리가 죽어 심판대에 섰을 때 신은 우리가 세상에서 무슨 직위에서 일하였는가를 묻지 않고, 무슨 일을 하다가 왔느냐고 물을 것이라고 했다. 우리는 지금 무슨 일을 하며 어떻게 살고 있는가?

백여 년 전인 1913년에 세상을 뜬 에이브버리 경의 《인생의 선용》은 지금도 명언집으로서 손색이 없다. 무슨 직업과 직위에서 일하느냐보다 어떤 마음으로 어떻게 일하느냐가 중요하다는 말이 우리의 가슴을 친다. 교만하고 자기 중심적인 직위 높은 사람은 겸손하고 성실하게 자기 직분을 다하며, 남을 배려하고 마음과 물질을 베푸는 평범한 선인의 정신과 영혼의 종이다. 무엇보다도 먼저 '사람'이 되어야 한다.

하루에 단 10분만이라도 참된 삶이란 무엇인가를 두고 명상에 잠길 수 있다면, 우리는 복된 사람이 될 것이다.

에이브버리의 본명은 존 윌리엄 러복 경이다.

말 잘하기

사람은 혼자 살 수 없다. 더불어 살되 잘살아야 한다. 여기서 말하는 '잘살기'는 물질이 넉넉하게 사는 데 그치는 것이 아니라, 정신이 풍부하고 마음이 따뜻하여 사람답게 사는 것을 뜻한다. 이런 뜻의 '더불어 잘살기'는 우리들 모두에게 몇 가지 노력을 요구한다.

더불어 잘살기 위하여 필요한 요건으로 으뜸이 되는 것은 '상대방의 말 들어 주기'라 생각된다. '들어 주기'가 왜 그렇게 필요한가? 그건 이 시대 사람들은 모두 고독하고, 그 까닭은 자기의 말을 아무도 들어 주지 않는 데 있다. 이런 현상은 옛날에도 있었으나, 이 시대에는 그 극단적인 상황을 보여준다.

옛날에는 가족끼리 대화하는 기회가 많았다. 맨 웃어른의 일방통행식 '대화'의 특이한 형식이었다. 말하는 이는 웃어른뿐이고, 나머지는 모두 듣는 이였다. 그때의 대화는 웃어른의 음성 언어와 듣는 아랫사람들의 침묵의 언어, 표정 언어로써 이루어졌다. 공자와 그 제자들의 대화를 기록한 《논어論語》에는 '색난色難'이라는 말이 있다. 효도하는 과정에서 실로 어려운 것은 부모님의 안색을 살피는 일이라는 뜻이다. 옛날의 부모와 자식 사이에는 이 같은 침묵의 대화가 오갔다. 부모·자식뿐 아니라 웃어른과 아랫사람 사이에는 대개 이런 침묵의 대화가 이루어졌다. 그래서 오해도 더러 있었지만, 상대방을 배려하는, 깊이 있고 따뜻하며 은근한 대화가 있었다. 그리고 아랫사람끼리는 음성 언어와 침묵 언어로써 대화를 나누었다. 이것은 농경 사회 시절의 그리운 풍속도이다. 그때는 물질적으로 가난해도 '더불어 사는 따뜻한 마음'이 있었다.

산업 사회, 정보 사회 이후의 지금 사람들은 대화를 잃었다. 모두 말하는 이들뿐 듣는 이가 없기 때문이다. 요새 사람들이 모이면 모두 자기 말만 한다. 남의 말에 귀를 기울이지 않는다. 남의 표정을 살펴 그의 처지를 배려하는 침묵의 대화조차 소멸해간다.

이런 대화 부재不在의 상황은 옛날이나 근대 사회에도 물론 있었다. 러시아의 작가 안톤 체홉의 단편 〈비탄〉에서도 이런 상황이 빚어진다. 눈 내리는 겨울날 도회의 길거리에서 손님을 실어 나르는 한 마부는 손님들에게 하소연을 한다.

"손님, 2주일 전에 제 아들이 죽었어요. 하나밖에 없는 아들이, 제 아내도 죽어 차가운 땅속에 누웠는데요."

그의 이러한 하소연에 동정을 하고 귀를 기울여 주는 사람은 아무도 없다. 손님도 동료 마부도 다 마찬가지다.

요즘 우리 사회의 위기는 여러 곳에서 감지되지만, 가장 큰 위기는 대화의 부재라고 할 수 있다. 택시를 타도 운전자는 운전자대로, 손님은 손님대로 제 말만 하고 헤어진다. 가족이, 회사가, 학교가, 국회가, 온 나라가 남북한이 그렇게 되어 있다. 국회의 '청문회聽聞會'도 '말 듣기 모임'이다. 피의자 심문과는 다르지 않은가? 제 말만 장광설로 늘어 놓고 윽박지르는 우리 국회 풍경은 살벌하기까지 하다.

"말을 잘하는 사람이란 남의 말을 경청하는 사람을 뜻한다 Good speaker means good listener."

이것은 미국 책 《말을 더 잘하려면 Better Speech》에 실린 명언이다. 삼성 그룹의 창시자 이병철 회장이 남긴 유언이 '경청傾聽'이었다고 한다. 이건희 회장은 이 유언대로 임원회 때마다 자기 말은 줄이고 임원들의 말을 듣고 종합하여 결단을 내렸다 한다. 《한국 자본주의의 개척자들》에 쓰인 내용이다. 삼성 전자가 그 분야에서 세계 정상에 우뚝 선 것은 우연이 아니다.

현대의 비극은 '말 들어 주기'의 부재에서 빚어진다. 더불어 잘 살려면 말을 들어 주는 것, 대화로써 '만남'의 장을 마련하는 노력부터 할 일이다.

우리 언론이 주야장천 '시대의 지성'으로 우상화한 이어령 교수가 만년에 탄식한 것은 주변에 친구가 없다는 사실이었다. 자업자득이다. 사람들이 모인 자리에서 이 교수는 주어진 시간의 거의 전부를 혼자서 줄기차게 말한다. "언젠가 이어령 선생이 만나자 해서 찾아갔더니, 60분 가운데 55분을 혼자서 말씀하시더라."고, 말수 적은 이문열이 증언한 대로다. 이 교수는 '경청' 과목 '낙제생'이었다. 대화가 없는 일방적인 말하기의 달인이었던 이어령 교수는 천재적인 아이디어 뱅크였던 반면에, '소통' 쪽에서는 심각한 장애를 안고 있었다. 그의 일방 독주와 '오만불손'이 끼친 아픈 유산이다. 일부 기자와 극소수의 제자들을 제외하곤 이 교수를 가까이하려는 사람이 없었다. 애석한 일이다. 청산유수격으로 떠들어 댄다고 말을 잘하는 게 아니다. '대화'를 위해 우선 들을 줄 알아야 한다. 기존 유명 문인들을 '우물愚物'이라 모욕한 평론 〈우상의 파괴〉로 혜성같이 등단했던 이어령 교수는 스스로 '우상'이 되어 쓸쓸히 사멸했다.

 대화 현상에는 세 가지 인간형이 있다고 한다. 듣는 것을 통째로 흡수하는 스폰지형, 한쪽 귀로 듣고 다른쪽 귀로 흘려버리는 터널형, 중요한 것과 그렇지 않은 것을 선별하는 체형이 그것이다. 터널형은 최악이고, 체형이 최선이다. 스폰지형은 피감화력이 커서 그 말에 맹종하기 쉬운 단점이 있다. 히틀러의 말에 무조건 따랐던 나치 당원들의 예를 보라.

 분별심 있는 경청은 소통의 왕도다.

사주와 관상

사람이 태어난 해·달·날·시간을 사주라 한다. 옛날에는 혼인할 때 쌍방의 사주를 토대로 하여 궁합을 봤다. 주인공이 서로 좋아하는 사이인데도 궁합에 막혀 혼인이 불발되거나, 그 반대의 경우도 있었다.

관상은 사람의 얼굴을 보고 성격이나 운명을 판단하는 것이다. 양쪽 눈꼬리가 치솟은 남자는 용맹하나, 여성이 그랬다가는 불길하다 했다. 남자의 앞이마가 훤하면 길상인데, 여성의 경우는 흉상이다. 남녀 불문하고 볼이 쳐지면 심술궂다고 했다. 안쪽 눈꼬리가 코에 가까우면 상냥하고, 귓볼이 두툼하면 재물 복이 있으며, 인중이 길면 오래 산다고 했다.

사주와 관상이나 풍수지리설과 무속 신앙은 운명 결정론이다. 우리 소설가 중에 운명 결정론을 집요하게 추구한 작가는 김동리다. 그는 〈무녀도〉와 〈을화〉에서 무당을, 〈황토기〉에서 풍수지리설을, 〈역마〉에서 사주를, 〈등신불〉에서는 불교의 연기설緣起說을 다루었다. 사주 결정론을 다룬 〈역마〉는 역마살을 타고난 3

대가 피하려 해도 피할 수 없이 떠돌이가 되고 만다(역마살)는 모티프로 이루어진 작품이다.

이야기가 좀 빗나갔지만, 사람의 관상이 운명을 결정하는가 하는 문제는 좀 깊이 생각해 볼 측면이 있다. 전하는 바에 따르면, 늙은 아버지와 심히 젊은 무속인 어머니 사이에서 태어난 공자는 이마와 뒤통수가 튀어나온, 잘생기지 못한 용모를 한 것으로 알려져 있다. 그런 공자가 세계적인 성인聖人이 된 것을 관상 결정론자들은 어떻게 설명할 것인가? 윌 듀란트가 쓴《철학사화》에는 그리스의 위대한 철학자 소크라테스의 용모가 소개된 대목이 있다.

고대 조각의 유물로 우리에게 전래된 소크라테스의 흉상을 보면, 비록 철학자라 하고 볼지라도 잘생겼다고 할 수 없다. 머리는 바스러지고, 얼굴은 크고 둥글며, 눈은 우묵하고 번쩍이며, 코는 너부죽하여 여러 만찬회에서 그 코값을 한 것으로 생각되는바, 그 외모야말로 가장 유명한 철학자의 얼굴이라기보다 어느 집 하인의 얼굴로 보아 좋을 정도다. 그러나 다시 한번 자세히 보면, 그 석상의 조잡성을 통하여 인간적 친절과 겸양의 단순성이 나타나 보이는바, 이것이 곧 아테네의 가장 훌륭한 청년들로 하여금 이 추남의 사상가를 대스승으로 숭앙케 한 요인이었다.

잘생기지 못한 소크라테스는 '친절과 겸양의 단순성'으로 하여 제자들에게는 경모敬慕의 대상이 되었던 것이다.

소크라테스의 외모에 대한 아먼드 댕커의 추론은 이색적이다. 그는 소크라테스가 젊은 시절에는 매력적인 외모로 동성과 이성에게 두루 로맨틱한 사랑의 대상이 될 만했는데, 갑상선 항진증으로 흉한 모습이 되었다는 것이다. 《사랑에 빠진 소크라테스》에 실린 내용이다. 이 역시 대철인 소크라테스의 정체성과는 상관이 없는 이야기다.

다른 한 사람 미국 대통령 링컨의 얼굴도 결코 잘생기지 않았다. 과도히 길쭉한 머리에 푹 꺼진 눈, 튀어나온 광대뼈, 뾰족한 턱하며 황금 비율과는 애시당초 거리가 먼 관상이다. 그의 정치적 라이벌이었던 스탠튼 변호사는 링컨을 모욕적인 연설로 공격하였다. 대통령 선거 유세 때였다. 그를 '고릴라'에 비유하며 모욕했다.

이같이 잘생기지 못한 링컨이 남북 전쟁을 승리로 이끌고 흑인 노예를 해방시킨, 가장 위대한 미국 대통령이 된 것은 무엇으로 설명하겠는가. 사람 평가에 까다롭기로 유명한 톨스토이가 링컨을 성자聖者라고 한 것은 과장된 게 아니었다. 미국인들의 인물에 대한 설문 결과 링컨은 세계의 위대한 인물 중 늘 2위를 차지한다. 1위는 예수 그리스도다.

일찍이 링컨은 40이 넘은 사람은 자기 얼굴에 책임을 져야 한다고 말한 일이 있다. 사람의 얼굴 표정에서 그 사람의 성격과 마음의 상태가 읽힌다. 사람이 타고난 선천적 관상은 어떤 마음으로 사느냐 하는 후천적 표정에 따라 얼마든지 달라질 수 있다. 링컨이 강력한 레슬링 챔피언이었다는 사실도 그의 대통령직 수행과는 아무 관련성이 없었다.

사주와 관상에 대한 운명 결정론적 사고 방식은 신뢰하기 어렵다. 사주가 똑같은 사람들의 일생이 전혀 다르게 전개되는 까닭은 무엇인가? 옛적에는 거의 다 궁합을 보고 혼인을 하였는데도, 행·불행이 한결같지 않은 것은 무슨 말로 해명하겠는가? 통계학적 허위다.

사주와 관상의 운명 결정론보다 인간의 마음가짐과 올바른 선택과 노력이 인생의 질을 결정하는 것이 아닌가. 그래서 성서는 사람을 외모로 판단하지 말라고 한 것이리라. 요사이 유행하는 얼굴 성형 수술보다 더 중요한 것은 마음 성형이 아니겠는가.

그럼에도 불구하고의 사랑법

사랑하는 법에도 체험과 연습이 필요하다. '나'를 사랑하는 사람을 사랑하는 것부터 쉽지가 않다. 사랑의 엇박자요 배반이다. 부모가 자식 사랑하는 것, 형이 아우 사랑하는 것은 극히 자연스러운 일이다. 내리사랑이라는 말이 있듯이, 자식이 부모를, 아우가 형을 사랑하기는 쉽지 않다. 대체로 반대 급부를 바라지 않는 사랑은 내리사랑이다. 우리는 그런 사랑을 당연한 것으로 받아들이기에 특별히 감사해 하지 않고 살게 마련이다. 그러다가 그 사랑이 뼈저리게 그리워지게 되었을 때, 부모와 형은 이미 이 세상을 함께하지 않는 경우가 많다. "나무가 가만히 있고자 하나 바람이 불어 흔들리고, 자식이 효도하려 하나 어버이는 이미 계시지 않는다."는 옛말은 허언이 아니다. 풍수지탄風樹之嘆이다.

사랑에는 단계가 있다. 그리스식으로 말하여 사랑하기 이전의 피다툼을 에피투미아epithumia라 한다. 동물적 투쟁욕을 불태우는 단계다. 이 같은 원초적 욕망 상태를 순화한 초보적인 사랑이 에로스eros다. 그리스 신화에 등장하는 미와 사랑의 여신 아프로

대학 시절 친구들(뒷줄 왼쪽부터)
김창경(서울대), 이양(서울대), 박호윤(연세대), 구길영(서울대)
김봉군(서울대), 박의종(서울대), 정종섭(서울대), 손재조(성균관대)

디테의 아들이 에로스다. 에로스는 주고받는 사랑이다. 남녀 간의 사랑은 에로스적 사랑이다. 문학·미술·음악에서 에로스는 남녀 간의 정욕을 추구하는 경향을 에로티시즘이라 한다. 에로스는 조건적 사랑이므로 자주 파탄과 복수의 결말로 치닫곤 한다.

필리아philia는 우애처럼 인간의 순수한 사랑이고, 지고지선의 사랑은 아가페agapē 다. 무조건적인 사랑이다. 신이 인간에게 베푸는 사랑이 아가페다. 부모의 사랑도 아가페적이다. 자식을 위하여 목숨까지도 바칠 수 있는 것이 부모의 사랑이다. 친구나 애인, 제자나 조국, 신앙의 절대자를 위하여 목숨을 걸고 아가페적 사랑을 바치는 경우는 극히 드물다.

안중근, 유관순, 윤봉길, 이봉창은 조국을 위하여 조건 없이 목숨을 바쳤다. 일본 제국의 신사 참배 요구를 끝내 거부하다가 고문을 받아 순교한 주기철 목사도 아가페적 사랑을 본보였다. 대한민국 초기 전남 여수에서 손양원 목사도 조건 없는 사랑을 실천하다가 순교했다. 그는 자기 아들을 죽인 공산당 청년을 양자로 삼았고, 한센병 환자들 요양원(애양원)을 돌보며 헌신하다가 6·25 전쟁 때 공산군에게 처형당했다.

서울에 영락교회와 여러 사회 복지 시설과 교육 기관을 세워 봉사하다가 예금도 부동산도 없는 무소유의 일생을 살다가 간 한경직 목사도 아가페적 사랑을 실천했다. 가난한 환자들을 위하여 자신의 의술과 보수까지 바쳐 가며 희생했던 무소유의 성의聖醫 장기려 박사는 더 말할 것도 없다. 세계 종교사에는 더 놀라운 사랑의 실현자들이 있다. 폴란드 출신 막시밀리안 콜베 신부와 벨기에 출신 다미앵 드 뵈스터 신부가 대표적인 인물이다. 제2차 세계 대전 당시 6백만 유대인들이 히틀러 정권에게 희생되었다. 콜베 신부는 죽음의 대열에 서서 남은 가족 걱정에 전전긍긍하는 유대인을 빼어 돌리고 대신 죽었다. 다미앵 신부는 1873년 몰로카이 섬(하와이 군도)의 한센병 환자 8백 명을 돌보다가 자신도 감염되어 선종善終했다.

전북 무주 출신으로 경남 거창에 거창고등학교를 세우고 제자들을 희생적인 봉사자요 사랑의 사람이 되도록 가르친 전영창 장로, 조국과 우리 국민을 그리스도의 사랑으로 섬기는 정신 운동의 선도자 김용기 장로(가나안 농군학교장)의 헌신도 빛나는 사랑의 징표다. 인도 콜카타 빈민의 어머니 마더 데레사 성녀, 소록도에 와서 한센병 환자들을 위해 평생을 바친 오스트리아 출신 마리아와 마가레트 수녀 등 우리 기억 속에 각인된 아가페적 사랑의 체현자들이 적지 않다. 자기 소유와 명예에 탐착하기에 여념이 없는 우리 모두를 숙연케하는 성자들이다.

이 거룩한 사람들은 '그럼에도 불구하고' 무조건 희생하고 사랑했다. 세상 그 누구가 알아 주지 아니해도 사랑하기만 했다. 자식이 알아 주지 않음에도 불구하고 우리 부모는 우리를 무조건 사랑했다. 세상의 재물과 권세와 명예를 모두 잃게 됨에도 불구하고 그냥 사랑하기만 했다. 그러나 그들은 거의 모두, 심지어 생명까지 버릴 수 있었기에 더 크고 거룩하고 영원한 세계의 품에 안기게 되었다.

우리는 꼭 그런 성자가 되지 않아도 얼마만큼은 누구를 사랑하며 살 수 있다. 남편이, 아내가 성격이 까다로움에도 불구하고 그를 사랑할 수 있다. 직장 동료가, 친구가 '나'를 비방하거나 공로를 가로채었음에도 불구하고, '나'는 그를 사랑할 수 있다. 그런 상대방이 웬만한 사람이면, 그는 그 사랑에 감동하여 회심回心할 수도 있다. 설령 회심하지 않는다 하더라도 사랑 자체가 아름다운 것이다.

우리가 직장 생활을 하다 보면, 유난히 경쟁심이나 소유욕이 많은 동료가 있다. '내' 몫을 속임수나 간교한 방법으로 빼앗으려 하는 동료에게는 양보하는 것이 복되다. 그것 때문에 질투에 불타거나 싸움을 하는 사람은 불행하다. 그렇게 양보만 하다가 이 험한 세상을 어떻게 살아갈 수 있느냐고들 말한다. 그럼에도 불구하고 양보하고 희생하는 것이 참된 사랑이다. 서두르지 않고 당당히, 정직·근면하게 열심히 살다보면, 그 사람이나 '나'나 마찬가지인 것을 알게 될 때가 있다. 온갖 편법으로 법규 위반을 하며 미꾸라지 빠져 나가듯이 앞서 달려간 승용차가 얼마 못 가 같은 횡단 보도에서 '나'와 함께 정지 신호에 걸려 있었던 것을 우리는 경험하지 않는가.

나는 주례를 설 때에 늘 두 가지만은 잊지 않고 당부해 왔다. '그럼에도 불구하고' 배우자를 사랑해야 하며, 상대방의 이야기를 30분만 잘 들어 줄 수 있어야 한다는 것이다.

진정한 사랑은 사랑할 만해서이기도 하지만, 그렇지 않음에도 불구하고 사랑하는 것이다. 가령, 사랑이 충만한 아내는 외출했다 들어오는 남편이 신발을 아무렇게나 벗어 놓고 들어오는 습관이 있음에도 그를 사랑한다. 아내는 그의 흐트러진 신발을 가지런히 놓아 주는 데서 기쁨을 누린다. 계속 그러다 보면, 남편 스스로 신발을 가지런히 벗어 놓게 되기도 한다. 말이 많은 아내의 말을 30분만 묵묵히 들어 주고, 신경질이 있는 아내의 결점까지도 측은한 마음으로 어루만져 주는 남편은 진실로 사랑이 충만한 사람이다. 예외는 있다. 폭력, 거짓말, 속임수까지 사랑해서는 안

된다. 그것을 고쳐 주는 것이 올바른 사랑이다.

성자가 아닌 평범한 우리의 사랑은, 극히 예외적인 경우가 아니면 '그럼에도 불구하고'의 사랑법을 실천하는 것이다. 양보하고 기꺼이 손해 보는 것이 사랑이다, 그럼에도 불구하고.

수신제가치국평천하

20대 대통령 후보들이 가족 문제로 곤욕을 치르고 있다. 한 후보는 전과 4범에다 친족을 향하여 상상을 초월하는 천박한 욕설을 하여, 듣는 사람들이 하늘과 사람을 향하여 얼굴을 들 수 없게 한다. '사람 되는 공부'의 중요성이 뼈저린 각성을 불러오는 국면이다.

동아시아 고전인 《대학》은 '수신제가치국평천하修身齊家治國平天下'를 가르친다. 제 스스로를 다스린 후에 집안을 돌보고, 그런 다음 나라를 다스리며, 마침내 천하를 화평케 해야 한다는 뜻이다. 동서양 경전은 인간 윤리의 최고 수준을 제시하므로, 그 수준에 도달하기란 참으로 어렵다. 동서양 최고 통치자들도 가족을 바른 길로 이끌지 못한 경우가 적지 않다.

로마의 1천 년 통치 기간 중에 2백 년간 태평성대를 이룬 다섯 황제가 있다. 네르바, 트라야누스, 하드리아누스, 안토니누스, 아우렐리우스를 역사가들이 '5현제五賢帝'라 한다. 이와 대조적으로 '음험·가혹한 티베리우스, 광포한 칼리굴라, 나약한 클라우디우스, 음탕하고 잔인한 네로, 짐승 같은 비텔리우스, 소심하고 비인간적인 도미티아누스' 등은 사악한 폭군들이다.《로마제국흥망사》를 쓴 에드워드 기번의 평가다.

우리에게《명상록》의 저자로서 감명을 준 마르쿠스 아우렐리우스 안토니우스 황제의 생애는 인생학의 스승이자 반면교사다. 그는 배운 것과 행함이 일치하는 거의 완벽한 인격자였다. 12세 때부터 심취한 스토아 철학은 그로 하여금 금욕과 평정심으로 현자가 되는 길을 걷게 하였다. 소박과 근면이 몸에 밴 그는 육신을 정신에, 열정을 이성에 복종시키며, 사악을 물리치는 덕망 있는 인간이 되기에 힘썼다. 그는 자신에게 엄격하고, 다른 사람의 잘못에 관대했으며, 모든 백성에게 정의롭고 자애스러운 황제였다. 반란을 일으켰던 한 집정관이 스스로 목숨을 끊자, 적을 친구로 만들 기회가 사라졌음을 안타까워했다. 그는 전쟁을 인간의 수치이며 파멸이라고 여기며 혐오했다. 그의 사후 1세기쯤 지난 시기에 많은 사람들이 그의 초상을 집안의 수호신으로 모셨다.

세상의 모든 일에는 양면성이 있다. 그의 무한한 관용에 철학자의 미덕을 가장한 아첨꾼이 사익을 취하였고, 가장의 너그러움을 방종의 신호로 받아들인 가족들은 방탕을 일삼았다. 그의 아내인 파우스티나 황후는 미모를 뽐내며 주위에 염문을 뿌렸다. 아우렐리우스 황제는 황후의 음행에 무심했으며, 그녀의 여러 애인들을 고관으로 승진시켰다. 그는《명상록》에다 "성실하고 부드럽고 검소한 아내를 내려 주신 신께 감사한다."고 썼다. 아첨꾼들로 구성된 원로원은 황제의 간청에 따라 파우스티나 황후를 여신으로 선포하고, 혼인 예식의 주인공들은 이 '정숙한 여수호신' 앞에 서약을 하게 하였다.

이 덕망 높은 지혜의 황제는 그의 아들 콤모두스의 잔혹성도 간파하지 못하였다. 후계자를 공화국 안에서 고르지 않고, 아들에게 왕위를 잇게 한 일은 로마에 큰 재앙이 되었다. 아들이 14세가 되자 황제의 권한 행사에 참여케 하는 것을 계기로 하여, 그의 판단이 잘못되었음을 알고 깊이 후회하였다.

아우렐리우스 황제가 사망하자, 황실의 기강은 급속도로 무너졌다. 콤모두스 황제의 방종을 기화로 하여, 선제先帝 때에 숨을 죽였던 밀고자와 부자 들이 결탁하여, 엄격한 덕망가들을 참소하여 줄줄이 숙청되게 하였다. 선제의 측근을 비롯한 동조자들을 모두 죽이고, 피 맛을 본 콤모두스는 날로 무자비해졌다. 그는 원로원을 피로 숙청한 후에 더욱 잔인해져서 살인과 사치에 몰입하였고, 나랏일은 비굴하고 야심에 찬 측근 페렌니스에게 맡겼다. 귀족들의 재산을 마음대로 몰수하는 등 난정을 일삼던 페렌니스가 암살된 후 권력을 쥐게 된 클레안데르 역시 폭정을 일삼다가 궐기한 민중에게 목숨을 잃었다.

콤모두스는 로마의 모든 속주에서 뽑아 온 미녀 3백 명과 함께 금수와 같은 욕망에 탐닉했다. 광적으로 사냥에 몰입했던 이 금

수 같은 황제는 원형 경기장에 시민들을 운집케 하고, 사자 100마리를 단창을 던져 죽이며, 질주하는 타조를 화살로 맞힌 다음, 그 가늘고 긴 목을 칼로 베어 군중의 박수갈채를 유도하는 등 기행奇行을 일삼았다.

이 야수 같은 황제는 애첩 마르키아가 따라 주는 포도주 한 잔을 마시고 죽음을 맞이했다. 그 독배를 들이키고 괴로워하던 콤모두스는 레슬링을 직업으로 삼는 건장한 청년에게 목이 졸려 숨졌다. 시신은 은밀히 궁 밖으로 운반되었고, 이 패덕한 황제의 죽음을 아는 사람은 공모자인 애첩 마르키아, 시종장 에클렉투스, 근위 대장 라에투스와 건장한 청년뿐이었다. 기번은 콤모두스를 가리켜, '로마의 황제들 중에서 학문의 즐거움을 전적으로 멀리한 최초의 황제'로 규정했다.

마르쿠스 아우렐리우스 안토니우스 황제는 엄격한 '수신'으로 치국·평천하에는 성공하였으나, '제가'에는 실패했다. 그의 사후에 로마인들이 흘린 눈물과 피는 그가 아내와 자식의 정체를 오인한 그의 잘못이 빚은 절통할 대가였다. 콤모두스 이후의 로마에는 6개월 내지 8개월 만에 황제가 살해되는 등 혼란이 거듭되었다.

가족을 제대로 이끈 사람은 인생에서 성공한 사람이다. 현숙한 아내에 포악한 남편, 어진 남편에 표독한 아내, 정결한 아내에 방탕한 남편, 고결한 남편에 부정不貞한 아내의 조합은 불행하게도 드물지 않다. 미련하거나 사악한 부모 밑에 총명하고 선한 자식이 태어나는 것은 다행이거니와, 훌륭한 부모 밑에 못된 자식이 태어나는 것은 불행이다.

조선 태조 이성계는 형제끼리 살육하는 아픔을 겪었고, 잔혹한 살인자 태종 이방원은 방탕한 양녕 대군과 성군聖君이 된 충녕 대군의 아버지였다. 성군인 세종의 맏아들 문종은 어질고 영명英明하였으나, 둘째 아들 수양 대군은 권력에 눈이 먼 살인귀였다. 선정을 베푼 성종은 왕비 윤씨에게 사약을 내려야 했고, 아들 연산군은 황음무도荒淫無道한 폭군이었다. 내실 있는 업적을 기록한 숙종은 왕비 한 사람은 폐출·복위됐고, 다른 한 사람에게는 사약을 내려야 했다. 영명한 군주 영조는 정신 건강을 잃은 세자를 버리고, 어질고 총명한 세손(정조)에게 왕위를 물려주는 아픈 결단을 내려야 했다. 수신과 제가는 어려운 일이다. 무슨 농사보다도 '자식 농사'가 가장 어렵다는 옛말이 그르지 않다.

마르쿠스 아우렐리우스 안토니우스 황제나 세종, 숙종도 아내나 자식 일은 뜻 같지 않았다. 여기서 천성론과 환경론이 대립하나, 어느 한쪽에만 책임을 지우기도 어렵다. 3~4세에 인성의 바탕이 마련된다니, 영·유아 교육의 중요성이 새삼 마음을 흔든다.

세상에서 큰 짐을 질 일꾼일수록 건전한 가정에서 자라고, 제대로 된 학교 교육을 받아야 할 것 같다. 험한 가정, 험한 환경에서 자란 가난한 수재가 검정 고시로 최고 학부를 마치고 사법 시험에 합격한 사람이 지금 큰 일을 하겠다고 눈물로 호소하고 있다. 그리고 그의 인성에 대하여 논란이 분분하다.

가난이 반드시 인격 형성의 부정적 요건인 것은 아니다. 가정의 정신적 지향성이 문제다. 미국 대통령 에이브러햄 링컨은 초등학교 졸업도 못 할 만큼 가난한 집안에서 자랐다. 그럼에도 그는 영혼에 사무치는 어머니의 사랑과 신앙 교육의 유산을 물려받았다.

로마의 현명한 군주 마르쿠스 아우렐리우스 안토니우스는 아내와 자식에게 '영혼에 사무치는 정신 교육'의 유산을 남기지 못했다. 태조, 태종, 세종, 성종, 숙종, 영조도 마찬가지였다.

불멸의 고전 《대학》의 명언들은 21세기 인류에게도 울림을 준다.

교과서 쓰기 사분세기

초·중등학교 교사와 대학 교수가 교과서를 쓰는 것은 의무이면서 영예다. 프랑스 같은 나라에서의 교과서 저자에 대한 대접은 융숭하다. 연구 업적으로 인정한다. 교과서는 각 분야 전공자의 교육관과 전공 학문 성과의 정수를 학생들을 위해 아낌없이 제공한 결과물인 까닭이다.

> 넓은 벌 동쪽 끝으로
> 옛이야기 지줄대는 실개천이 휘돌아 나가고
> 얼룩빼기 황소가
> 해설피 금빛 게으른 울음을 울던 곳
>
> ―그곳이 차마 꿈엔들 잊힐 리야

모더니스트 정지용 시인의 낭만풍 서린 〈향수〉의 서두다. 1990년대에 이 시는 가곡으로 작곡되어 '좋은 노래'로 뽑혔다. 이는 나와 서울사대부고 한연수 선생이 쓴 고등학교《문학》교과서에 이 작품을 실었던 것과 관련이 있었던 것으로 안다.

나는 통일 한국 문학의 미래를 위하여, '이데올로기적 전투성'과 관련이 먼 월북 문인의 작품은 널리 읽혀야 한다는 생각으로 이 아름다운 시를 교과에 실었다. 월북 문인의 작품이 교과서에 실린 것은 건국 후에 처음 있는 일이었다.

나와 한연수 선생 공저로 나온 이 《문학》 교과서는 제5차 교육 과정 시행기인 1990년대 전반기에, 전국 고등학교 학생들 70%가 공부한 베스트셀러 교과서였다. 돌이켜 생각하면, 국비 장학금 지원을 받아 가며 국립 대학교 사범대학을 다닌 사람으로서 교육 과정 제정과 심의, 교과서 심사 위원장 등의 직분으로 나라의 교육 실천 영역에서 헌신한 것은 분에 넘치는 영예요 보람이다.

나는 초·중·고등학교 교과서의 논설·작문·문학 영역을 주로 맡아 집필했다. 글쓰기의 요건인 경제성·완결성 등의 원리와 실제 문제를 집필하면서 주제문과 뒷받침 문장 같은 용어를 창안하고, 어휘 학습 영역에서 '시나브로'와 같은 고유어를 유행시키는 등의 영향력이 지금까지 미치고 있다. 국어교육과 출신의 사명을 다하였다는 안도감이 든다.

국어나 문학 교과서를 편찬할 때 제일 고심하였던 것은 친일이나 월북과 관련된 작가들 문제였다. 가령, 초기의 한국 근대 문학사에서 배경 사상의 위대성 면에서 으뜸 가는 작가는 이광수요, 소설 기법상의 1인자는 김동인인데, 이광수 작품만은 교과서에 실을 수 없다는 것이 집필·심사 위원들의 추상 같은 주장이었다. 이상하게도 '황군위문단' 대표 문인으로 친일에 가담하였던 김동인에 대한 분노를 표출하는 사람은 없었다. 일제 강점기 우리 민족 문학의 대가요 우상이었던 거목 이광수의 '친일'은 강도도 컸고, 배신감이 배가된 탓이었으리라.

근 반세기 동안 내가 연구한 바로는, 이광수는 '자기 희생적 친일'을 한 '세속의 성자聖者'였다. 만주 사변, 중일 전쟁, 태평양 전쟁에서 승기를 잡고 광분하여 길길이 날뛰던 군국주의의 일제는 사람의 생명을 초개같이 여기며 우리 민족을 극한적으로 위협했다. 조선총독부는 우리 민족 지도급 인사 3만 내지 3만 8천 명을 제거하려는 음모를 꾸미며 리스트를 작성한다는 소문이 파다했다. 이광수는 '인당수에 몸을 던진 심청의 심정'으로 친일의 패를 참으로써 절멸 위기에 처한 민족 정신을 살리는 길을 택하였다. 아닌 게 아니라 그의 친일 선언 직후에 안창호 선생이 결성한 수양동우회 회원들이 감옥에서 석방되었다. 이로써 '이광수'는 민족 반역자로 낙인찍혀 저주받는 이름이 되었다. 이광수 선생은 우직한 성자였으나, 세속사는 그의 이름에 돌팔매질을 했고, 그는 영혼마저 만신창이가 되는 오욕을 뒤집어썼다. 역사는 '주관과 객관의 만남'이어야 하는데, 이광수 선생의 친일 행위의 주관적 정당성은 객관적 당위 앞에 처절히 패배했다.

이리하여 우리 문학 교육이 '위대한 정신적 지주'를 외면하고 미시적 담론과 기법에만 편향된 길을 걷게 된 것은 가슴 아픈 일이다. 지금 이문열의 세계적인 명작들이 교과서 집필자들에게 외면받는 것도 후손들에게는 참으로 불행한 일이다.

내가 쓴 고등학교 교과서 서정주의 시를 실었더니, 여기저기서 난리가 난 일이 있다. 심지어 국회에서도 문제가 되었다. 나는 비판하는 쪽을 설득하느라 탈진했다. 내가 내세운 이유는 세 가지였다. 논리(로고스)와 윤리(에토스)에 극히 취약하고 감성(파토) 지향적인 서정주는 일제의 폭압 통치가 100년은 갈 것이라고 회고록 《그의 문학적 자서전》에서 고백한 '역사적 순응자'로서 탁월한 서정시인이다. 그에게 지사志士가 되기를 강요해 봐야 소용이 없다. 그럼에도 그의 시를 제외하고 한국 근·현대 시문학사를 서술하는 것은 불가능하다. 이 같은 역사적 순응자의 시를 교과서에 실어 가르치면서, 그의 시에 함축된 역사적 순응주의자적 속성과 표출된 언어 예술적 '촉기'를 함께 학습시켜야 옳다는 것이 나의 주장이다. 여기에 초기의 〈귀촉도〉와 말기의 〈뻐디기〉 같은 시가 좋은 지표가 될 것이다. 나의 이상주의는 원색적 이데올로기 신봉자들의 '웅변떼'에 묻히고 말았다.

월북 인사 중에 제일 마음에 걸리는 작가가 이태준이었다. 그는 우리나라 단편 소설의 완성자로서 '조선의 안톤 체호프'로 불릴 만큼 탁월한 작가요, 《문장강화》를 쓴 문장의 대가였다. 그런 그가 파탄의 길에 들어선 것은 광복 후였다. 조선문학가동맹 부위원장, 민주주의 민족전선 선전 부장 등 좌익 문학의 선도자가 되었다. 그의 결정적 좌익 행보는 1946년 8월 '조선쏘련문화협회 시찰단'의 일원으로 소련을 방문하고 돌아오고, 북한에 눌러앉아 《쏘련 기행》을 썼고, 이듬해 5월에는 이 책이 서울에서 단행본으로 출판되어 파문을 일으켰다. 그는 소련을 사회주의가 만발한 지상 낙원으로 그리며 찬양했다. 그런 그의 순수한 초기 작품조차 교과서에 실을 수는 없었다. 소련에 흐루쇼프가 수상이 되어 스탈린 비판 운동이 일어나자, 위기를 느낀 김일성이 박헌영·임화 등 남로당 계열 인사들을 무참히 숙청했다. 이를 기화로 같은 월북 작가인 한설야·이기영은 이태준의 초기 작품을 부르주아 반동 문학으로 몰아 맹렬히 비판했다. 이태준은 함흥 공장의 파철 수집 노동자로 전락당하며 집필권마저 박탈당했다. 막판에는 광산 노동자로 추방당하여 생을 마쳤다.

나는 그의 초기 작품을 교과서에 싣고, 학생들이 그의 《쏘련 기행》과 함께 학습하게 하는 것이 올바른 문학 교육이라고 생각하였으나, 역사는 나의 숫된 문학 교육 정신을 수용하지 않았다.

참고로 월북 인사들의 후일담, 그 편린을 소개한다. 월북 문인 중에 임화는 처참히 죽었고, 북한 체제에 철저히 순응한 이기영·안함광 등 소수를 제외한 대다수가 숙청당했다. 극작가 신고송과 이서향, 만담가 신불출, 연출가 안영일, 극작가 추민, 연출가 안민, 배우 배용 등은 모조리 숙청당했다. 정지용은 황해도 사리원 양계장 잡부로 일한다는 소식이 1967년 일본 신문에 실린 뒤로 소식이 없었다.

이데올로기 싸움은 인간의 영혼을 이렇게 병들게 한다. 20세기 말 4분세기(四分世紀)를 장식한 나의 교과서 쓰기가 끼친 후일담이다.

(1994. 5. 31. 초고, 2022. 9. 5. 개고.)

낙관주의자와 비관주의자

　우리는 옛날 초등학교 교과서에 실렸던 우산 장수 아들과 짚신 장수 아들을 둔 어머니 이야기를 기억한다. 날씨가 맑으면 우산이 안 팔려서 걱정이고, 비가 오면 짚신이 안 팔려서 걱정이니, 어머니는 하루도 마음 편한 날이 없었다는 이야기 말이다. 물병에 물을 반 병이나 있다고 보느냐, 반 병밖에 없다고 보느냐 하는 관점 논쟁도 이런 부류에 드는 생각이다. 진부해 보이는 이 두 가지 관점이 인생의 성패를 좌우한다.
　생각이 일을 만든다. 낙관적인 생각은 좋은 일을 낳고, 비관적인 생각은 일을 그르친다. 웃으며 일하는 사람은 성공하고, 늘 울면서 일하는 사람은 울 일이 생긴다. 낙관적인 사람도 슬픈 일을 겪으나, 그는 그것을 바탕으로 더 기쁜 일을 만든다. 낙관적인 사람도 실패할 때가 있다. 그는 그것을 역설적 자양분으로 삼아 더 빛나는 성공의 금자탑을 쌓으므로 실패한 사람이 아니다.
　말이 씨가 된다는 속담이 있다. 습관처럼 늘 말하던 것이 사실대로 된다는 뜻이다. 좋은 말, 긍정적인 말, 낙관적인 말을 하는 사람에게는 좋은 일이 생긴다. 늘 울거나 불평을 일삼는 사람의 삶은 비극적이다. 소문만복래笑門萬福來란 말은 옳다. 웃으며 사는 화목한 집안에는 온갖 복이 깃들인다는 뜻이다. 샐리의 법칙 말이다.

낙관적인 사람은 남 탓을 잘 하지 않는다. 남의 잘못도 웬만하면 너그럽게 바라본다. 비관적인 사람은 늘 남을 탓한다. 그러므로 남의 허물 캐기에 골몰한다. 낙관적인 사람은 남의 장점을 보고 그를 격려한다. 비관적인 사람은 남의 허물만을 찾아내어 그를 비난하고 미워한다.

취모멱자吹毛覓疵라는 말이 있다. '불 취, 털 모, 찾을 멱, 흠 자'로 된 성어다. 입으로 털을 불어가며 없는 먼지까지 들추어 낸다는 뜻이다. 남의 약점을 야박하도록 악착스럽게 찾아내는 행위를 가리킨다. 법치를 강조한 《한비자韓非子》에 있는 말이다. 비관적인 사람은 취모멱자하는 사람이다. 다른 사람의 작은 허물을 침소봉대針小棒大로 과장하여 떠벌려서, 그를 세상에 매장시키려 든다.

낙관적인 사람은 남의 허물을 보고 안타까워하면서 자신의 마음을 가다듬으며 교훈으로 삼는다. 반면교사反面教師가 된다는 말이다. 그는 남의 장점을 보고 세상에 알리며 스스로 이를 본받고자 한다. 그는 셋이서 길을 가면, 그 중에 스승으로 삼을 만한 사람이 있게 마련이라는 공자의 명언 '삼인행필유아사三人行必有我

師'를 실천하는 사람이다.

　낙관적인 사람은 매사에 긍정적이므로 늘 건설하고 창조하는 일을 한다. 반면에 비관적인 사람은 남이 이룩한 것을 파괴하는 일에 광분한다. 세계사를 통하여 빛나는 문명은 낙관적인 인류가 창조했고, 그것을 파괴한 것은 비관적인 폭도들이었다. 그 무서운 폭도들은 수많은 인류를 죽이고 찬란한 문화유산을 파괴했다. 그들은 자신의 인생은 물론 남의 인생까지 말살한다.

　어느 감옥에서 일어난 일이다. 한 심리학자가 출옥하여 상반되게 살고 있는 두 죄수를 관찰했다. 한 사람은 대오각성·개과천선하여 성공적인 삶을 살았고, 다른 한 사람은 거듭 죄를 저질러 감옥을 들락날락하였다. 무엇이 두 사람의 삶을 이처럼 상반되게 갈라 놓았던가? 성공적인 삶을 산 사람은 늘 감옥의 창 너머 보이는 푸르고 넓은 벌판을 바라보며 꿈을 키웠다. 이와 달리, 다른 한 사람은 늘 창 밖 가까이에 있는 시커먼 개울물을 보았다.

　현자는 우리를 깨우친다. 그는 "낙관주의자는 위기 속에서 기회를 보고, 비관주의자는 기회 속에서 위기를 본다."고 말한다. "낙관론자는 새해가 오는 것을 보기 위해서 자정까지 잠을 자지 않고, 비관론자는 지난해가 가는 걸 확인하려고 잠을 자지 않는다."는 말도 있다. 날씨가 좋으면 짚신 장수 아들에게 좋고, 비가 오면 우산 장수 아들에게 좋지 않은가. 물병이 반밖에 차 있지 않다고 보기보다 반이나 차 있다고 보는 사람에게 좋은 기회는 찾아온다. "범사에 감사하라."고 성서는 가르친다.

한자 교육에 대하여

오래전 한국과 덴마크 국가 대표팀 간의 축구 경기 때 TV 화면에 '설욕을 갚자'는 자막이 떴다. '설욕'은 씻을 설雪과 욕될 욕辱으로 된 한자어임을 알았다면, 이런 웃음거리 자막은 없었을 것이다. 어느 방송사 스포츠 관련 뉴스였던 "오늘 야구장은 만원 사례를 이루었습니다."도 마찬가지다. '사례謝禮'는 고마운 마음으로 예를 표함을 뜻하는 말이다. 최근에도 "심심甚深한 사의謝意를 표한다."는 말을 두고 젊은 층 일부가 "심심하거든 TV나 봐라."고 퉁을 놓았다. '사흘'을 4일로 오해하는 젊은 층도 있다. 우리의 잘못된 어문 교육이 낳은 병폐다. '심심한 사의' 운운은 '깊이 감사드린다'로 풀어 쓰는 것이 옳다.

국립국어원이 펴낸 《표준국어대사전》의 어휘 가운데 60% 가량이 한자어다. 예전 사전보다 10% 줄어들었다. 그 10%를 서구 외래어와 혼종어가 차지한 결과다. 한자 교육을 범법시하며 반쪽짜리 어문 정책으로, 우리 후손들을 한자어 문맹으로 만든 정부 당국자와 일부 학자, 교육자 들의 책임이 크다.

박근혜 정부 때 일이다. 한문학자인 김경수 교수(중앙대)와 함께 어문 교육의 정상화 정책을 정부에 건의하기로 했다. '한국어문 교육정상화'를 기치로 내걸고 추진회를 만들었고, 학자들을 모아 여러 차례 학술 대회를 열었다. 종국에는 학자들과 국회 의원들이 국회 의원 회관에 모여 성명서까지 발표했다. 나는 몸소 작성한 성명서를 발표했고, 좌중이 한목소리로 성원을 보내었다. 연로하신 조순 서울대 명예 교수(부총리·서울시장)와 정운찬 전 서울대 총장(국무총리)도 참석하여 격려하였고, 김무성·김학용 등 국회 의원들도 함께하여 힘을 보태었다. 고마운 일이었다.

성명서 내용의 골자는 네 가지였다. ①우리 선조들은 뜻글자(표의 문자)인 한자와 표음 문자(소리글자)인 한글을 물려주어 우리에게 풍요로운 언어 문화를 누리게 하였다. 우리 선조들이 수천 년 써 온 한자는 우리 글자다. ② 한자어에는 개념어가 많다. 추상적이거나 창조적인 사고와 깊은 사유思惟의 능력을 기르는 데에는 한자어 활용이 필수적이다. 이 같은 한자어와 순 우리말(고유어)를 적재적소에 써 언어 유창성을 확충하는 것이 중요하다. ③우리는 동아시아 한자 문화권 안에 산다. 한자는 한국·중국·일본·북한·타이완·베트남 등의 16억 인구가 쓰는 공유 문자다. 우리만 문자 고립주의의 오골성傲骨性에 스스로를 유폐시키는 것은 어리석다. ④우리 전통 문화 유산에 대한 기록 대부분이 한자·한문이다. 한문은 선택 교과로 가르치더라도, 한자는 초·중·고 교과서와 대학 교재에 병용 표기하는 것이 옳다. 1980년대까지 출간된 단행본·논문·잡지·신문 들이 국,한문 혼용·병용체로 표기되어 있다. 요즈음 대학생들은 그때의 자료들을 해독하지 못한다.

한글만 쓰면 민족 정기가 맑아지고, 한자를 쓰면 매국노가 된다는 단순 논리는 일제 강점기의 저항적 민족주의의 피해 의식에서 분비된 오해다. 우리나라는 이제 경제력 세계 10위에 올라 있고, 문화 강국의 가능성을 보이며 세계인의 찬사를 받는다. 조순 부총리도 열등감에 젖은 듯한 한글 전용론자들의 문화 국수주의國粹主義, 쇼비니즘chauvinism을 강한 어조로 비판했다.

한글만 쓰자는 이들의 폐쇄적 민족주의, 애국주의는 그 뜻만은 갸륵하나 논리는 난센스다. 이들은 ⑤세종 대왕의 훈민정음 창제 의도를 곡해하며, ⑥한글과 한국어를 혼동한다. ⑦문자 신비주의에 사로잡혀 한자를 악마화한다. ⑧일제 강점기의 저항적 민족주의의 일환으로 한글에 집요하게 매달린다. ⑨한글은 배우기 쉽고 쓰기에 편리하니 경제적이라고 한다.

세종 대왕의 훈민정음 창제 의도는 실용성 높은 한글을 애용하되, 한자·한문을 바로 쓰자는 데 있었다. 한글로 〈용비어천가〉를 지어 자신의 6대 조상을 신격화함으로써 조선 왕조 건국의 정당성을 홍보하려는 것은 숨은 의도였다. 〈용비어천가〉는 한자와 한글을 함께 썼다.

한글만 쓰자는 이들과 우리 국민 다수는 한글과 한국말을 자주 혼동한다. 어느 해 한글날의 일이다. 한글학회 회장이 TV에 나와 "우리말 한글을 바로 써야 한다."는 말을 했다. '우리말 한글을 창제하신 세종 대왕'이라는 글이 초등학교 교장 선생님 수필집에 '당당히' 실려 있다. 이런 잘못된 인식이 한글만 쓰기 운동으로 극단화한다.

한글이 창제자를 아는 우수한 문자임을 세계 언어학자들이 인정한다. 하지만 문자 신비주의는 위험하다. 한자는 외래 글자라서 버려야 한다는 주장도 옳지 않다. 세계인의 공용 문자인 영어 알파벳은 본디 페키니아 문자였다. 한글이 학습과 사용에 편리하니 경제적인 것은 사실이다. 이것이 한자가 비경제적이라는 말과는 다르다. 최소한의 글자로 깊고 너른 뜻을 전달하는 경제성이 탁월한 문자가 한자다. 표기하는 데 어려움이 있는 것이 사실이나, 기본 한자 300자 정도만 익혀도 그 응용 범주는 광범위하다.

이런 이론적 근거를 정립하여 우리 회에서는 교육부 장관과 대통령을 설득했다. 마침내 초등학교 3학년 교과서부터 기본 한자를 익히게 하겠다는 교육부의 정책이 바로 섰다. 교육부 담당 실장은 아동·학생들의 학습 부담을 덜게 하는 데 학교의 한자 교육이 필요하다는 논리로 국민들을 설득했다.

하지만 어쩌랴. 대통령이 탄핵되고 새 정부가 들어서더니, 새 교육부 장관과 휘하 담당 실장이 똑같은 이유로 한자 교육 실시

방침을 철회한다고 발표했다. 실소를 금치 못할 어문 교육 정책이었다.

이웃나라 일본에서도 한때 한자 교육 폐지론이 비등했으나, 수상이 앞장서서 그런 부정적 여론을 잠재웠다. 일본은 고등학교 시절까지 2,000자 가량 한자를 학습시키며, 북한에서는 초·중등 학교에서 2,000자, 대학까지 한자 3,000자를 공부하게 한다.

한자를 배우되, 한자 표기가 어려운 대목은 한글로만 표기해도 된다. 지금 북한이 그런 방침을 펴고 있다.

우리 대통령이나 행정부 각료 중에 어문 정책에 대한 개념이 있는지 알지 못한다.

한자 교육, 우리 후손들의 정신 문화를 살찌울 것이다.

제4장

좌우명

좌우명

불교의 참선에 1천7백 개의 화두가 있다고 하여 놀란 적이 있다. 화두話頭란 참선하는 사람이 도를 깨치기 위하여 내세우는 과제다. 불교 신자는 아니라도 사람마다 바르게 사는 데 지침이 되는 좌우명座右銘이 있다. 먹고살기 바쁜 요새 사람들에게 좌우명 같은 걸 생각할 겨를이 어디 있느냐고 항변할 사람도 있을 것이다. 하지만 좌우명 없이 인생을 사는 것은 나침반 없이 배를 모는 무모한 항해와 다를 바 없다.

돌이켜 생각하니 내가 섬긴 좌우명은 나이가 들어 가면서 더러 바뀌었으나, 다음 다섯 가지는 크게 바뀐 것 같지 않다.

역지사지易地思之하라./행동에는 원인이 있다./은혜를 베풀되 보답을 바라지 말고, 주었거든 후회하지 말라./지극한 정성, 지성至誠과 한결같은 마음, 항심恒心으로 살라./세상을 화평케 하는 사람이 되라.

역지사지란 상대방과 처지를 바꾸어 생각하라는 말이다. 상대방이 얼토당토 않게 트집을 잡고, 억울하기 짝이 없는 말로 공격할 때 똑같이 격한 반응을 보이는 것은 부질없다. 큰 싸움밖에 할 것이 없지 않은가. 그 사람의 성격이나 처지를 헤아려서 그를 이해하려는 마음은 그런 상대방을 오히려 계면쩍게 하거나 그와의 사이에 동료애가 생기게 한다. 전쟁이 아닌 평화의 원천이 되는 가르침이 역지사지다. 이런 마음이 곧 사랑이며, 이 사랑은 마침내 천국 문이 열리게 한다.

"행동에는 원인이 있다(Behaviour is caused)."는 말은 미국 상담 심리학자 J.A. 보사드의 명언이다. 문교부 장관과 국무 총리를 지낸 대학 시절 은사 정원식 교수께서 상담 심리학 강의 시간에 들려 주신 명언이다.

대학을 졸업하고 고등학교 교단 생활을 할 때의 일이다. 교실에 들어가서 첫 시간에 출석을 부르는데, 웬 학생이 주먹으로 유리창을 쳐서 와장창 깨뜨렸다. 나는 J.A. 보사드의 말이 머리에 번쩍 떠올라 그 학생 쪽으로 급히 달려갔다. 그의 손을 잡고 "너, 다치지 않았니?" 하고 황망히 물었다. 그의 손은 놀랍게도 멀쩡했다. 주먹질에는 프로였다. 그는 의외라는 듯이 흠칫 놀랐다.

그 학생이 유리창을 깨는 순간, 나는 그가 그러는 까닭이 있으리라는 생각부터 하였다. 또 중요한 것은 학생의 손이지 유리창은 아니라고 생각했다. 그 학생은 방과 후에 교무실로 와서 내 책상 앞에 꿇어앉아 흐느꼈다. 나는 그를 데리고 중화 요리점으로 가서 함께 자장면을 곱빼기로 먹었다. 음식점을 나오면서 보니까 그의 신발이 남루했다. 운동화 한 켤레를 사 신기며 말했다.

"이 신발을 신고 너는 아무 데나 다녀선 안 된다."

그의 눈이 총명하게 빛났다.

알고 보니 그는 심각한 결손 가정의 아이였다. 유리창을 깨는 행위는 어른들의 관심과 사랑을 갈구하는 간절한 몸짓이었다. 그는 나와 친밀감을 과시하며 열심히 공부했고, 우수한 대학에 진학했다. 그는 지금 처자식과 함께 잘살고 있다. 교육의 보람이다.

은시恩施에 물구보勿求報하고, 여인與人이어든 물추회勿追悔하라.

《명심보감明心寶鑑》에 실린 말로, 은혜를 베풀었거든 보답을 구하지 말고, 남에게 무엇을 주었거든 후회하지 말라는 뜻이다. 사람은 어차피 서로 베풀며 살게 마련이다. 우리는 공동체의 일원으로 살 수밖에 없다. 어느 독신주의자가 남의 도움은 절대로 받지 않겠노라 선언하고, 실제로 그렇게 살았다. 그런 그도 자기 장례만은 남의 손에 맡길 수밖에 없었다. 아무리 잘나도 독불장군은 없다.

세상에서 사는 동안 우리는 서로 도우고 도움을 받는다. 재물과 재주와 마음이 넉넉한 쪽이 부족한 쪽에 좀더 많이 줄 따름이다. 어떤 경우에는 물질이 많은 사람이 그렇지 못한 사람에게 마음의 빚을 더 많이 지기도 한다. 나는 어느 가난한 친구와 제자들에게 내가 베푼 것보다 훨씬 많은 기도의 빚을 지고 산다. 일생 동안 크고 작은 병치레를 해 온 내가 그들의 기도 덕분에 아직도 살아 있다고 생각한다.

성서에는 예수님의 5병2어五餠二魚 이야기가 나온다. 예수님이 떡 다섯 개와 물고기 두 마리로 5천 명을 배부르게 하고도 남았다는 기적奇蹟 말이다. 성서는 진실을 담고 있다. 우리는 예수님처럼 못 하여도, 우리 마음에서 솟아나는 무궁무진한 사랑의 떡과 물고기는 5천 명을 넘어 수많은 영혼의 배고픔을 채워 줄 수 있다. 우리가 남을 돕는 것은 거울 닦기와 같다고, 철학자 안병욱 교수는 말하였다. 잘 닦인 거울에 우리 얼굴이 더 맑고 밝게 보이지 않는가.

사실, 우리는 우리에게 큰 도움을 받은 사람이 영영 소식을 끊거나 심하면 배신까지 하는 사람들 때문에 마음의 상처를 크게 받는다. 그럴 필요가 없다. 사람은 본디 은혜에 보답할 줄 모르며, 오히려 배신하는 존재다. 그들에게 베풀었음에도 배신당했듯이, 우리도 누군가의 은혜를 저버리고 배신한다. 그러기에 우리는 누군가의 배신마저도 용서해야 한다.

지성至誠과 항심恒心은 우리 인생을 참으로 아름답게 하는 귀한 덕목이다.

무슨 일을 하거나 사람을 사귈 때 지극한 정성을 다하는 사람의 모습은 눈물겹도록 아름답다. 나는 우리 집 일을 돌보며 젖먹이 막내 아들을 기르느라 10년 반 동안 지극 정성을 다하고 떠난 충남 홍성 아주머니를 잊지 못하고 산다. 그 아주머니는 보수를 더 주겠으니 자기네 집으로 옮기라는 주변의 유혹을 물리치고 우리 집을 지켰다. 그런 유혹에 대한 아주머니의 대꾸는 "그러믄 못써유."였다. 나와 아내가 다 학교로 출근한 집안을 지키며 두 딸까지 보살펴 주었다. 아주머니는 54세에 우리 집에 와서 64세에 귀향했다.

정성을 다하는 것은 한결같은 마음과 표리 관계에 있다. 그 아주머니의 마음은 한결같았다. 우리 내외와 한 약속을 끝까지 지켰다. 사람의 마음은 변화무쌍하다. 사람을 믿기는 참으로 어렵다. 사람이 일이나 사람에게 한결같은 마음으로 대하는 모습 또한 한량없이 아름답다.

내게 각별하였던 한 친구는 어려서부터 중년이 넘을 때까지 지극한 정성과 한결같은 마음으로 살았다. 그는 H공사의 임원으로 승진한 기념으로 산 승용차를 처음 몰던 날 교통 사고로 유명을 달리했다. 53세에 식물 인간이 되어 7년간 누워있다가 60세 되는 해에 아주 갔다. 선인박명善人薄命인가. 나는 지성과 항심으로 살았던 그가 생각날 때마다 한없는 그리움에 잠긴다. 그의 영혼은 지금 하늘의 복락을 누릴 것이다.

나는 요사이 우리 마을 앞길을 지성껏, 한결같이 청소하는 환경미화원 아저씨를 만나면 숙연한 마음으로 목례를 한다. 그가 받는 보답은 '노동이 주는 기쁨'이다. 하늘이 주는 복락은 하늘이 정하고, 사람은 스스로를 건강하고 기쁨에 넘치는 사람이게 하는 보람으로 살 뿐이다.

80이 넘은 이 나이에 지난날 잘한 게 무엇인가 생각해 보다가 내 스스로 놀란 일이 있다. 어려서부터 지금까지 누구와 단 한 번도 싸워 본 일이 없었다는 사실이다. 신기한 일이다. 처지를 바꾸어 생각하라는 역지사지와 화평케 하는 사람peace-maker이 되라는 성서의 가르침 덕이다. 적어도, 대학 교수로서 살아온 30여 년을 회상해 보니, 내 역할이 시종일관 화평케 하는 사람 역할이었던 것 같다.

궁핍과 수난과 질병의 즐풍목우櫛風沐雨를 온 몸으로 받으며 광야를 맨발로 걸어온 80평생이나, 지성을 쏟으며 한결같이 화평케 하는 사람으로 살아온 것에 스스로를 위로하기로 한다.

일생 동안 수많은 제자를 만났으나, 단 한 사람도 꾸짖거나 미워한 적이 없다. J.A 보사드와 은사 박찬동 · 정봉윤 교장 선생님, 이탁 · 김형규 · 정원식 · 이응백 · 진원중 · 유기천 교수께서 주신 가르침에 크게 빚졌다.

그렇게 살면 손해 보는 일이 많지 않느냐고들 한다. 사실이다. 많이 양보하며 살았다. 충만한 보람으로 기뻐하며 살면 그만이지, 그 위에 더 좋은 무엇이 있는지 나는 모른다. 성서 말씀대로 자기의 유익을 구하지 아니하고 사람들을 화평케 하며, 지극한 정성과 한결같은 마음으로 살면 그만이다. 내 삶을 미화하려는 의도는 없고, 사실을 진솔하게 고백할 뿐이다. 그럼에도 본의 아니게, 혹 나로 인하여 마음이 상한 이가 있다면 용서를 빈다.

  좋은 좌우명은 삶을 은혜롭게 한다.

정욕의 유혹

사람의 잠재의식 속에는 비극적 결함tragic flaw이 있다. 큰 인물이 이 비극적 결함에 휘둘리면 큰 비극적 상황에 처하게 된다. 사람의 비극적 결함 중에 치명적인 것이 남녀 간 정욕의 함정이다. 정욕의 비극적 결함 문제로 시험을 당한 역사적 인물에 삼손, 다윗, 요셉의 이름이 뚜렷이 떠오른다. 구약 성서의 주요 인물들이다.

삼손은 이스라엘의 원수인 블레셋 사람들을 쳐서 물리친 큰 인물이었으나, 블레셋 사람들의 첩자인 들릴라라는 여인과 정욕에 빠졌다. 그 여인은 삼손이 잠든 틈에 그의 힘의 원천인 머리카락 일곱 가닥(성령의 징표)을 제거해 버렸다. 힘이 빠진 삼손은 블레셋 사람들에게 속절없이 포로로 잡혔다. 그들은 삼손의 두 눈을 뽑고 놋줄로 매어 옥중에서 맷돌을 돌리게 했다. 삼손은 원수를 갚게 해 달라고 간절히 기도했다. 마침내 그는 새 힘을 얻어 원수를 크게 쳐 없애고 죽었다. 여인 들릴라의 유혹에 빠진 삼손은 비극적인 최후를 맞이했다(《사사기》, 14:19~16:30).

다윗은 이스라엘의 두 번째 왕이다. 소년 시절에 그는 양을 치는 비천한 목동이었다. 그는 사울 왕에게 불려가서 수금을 잘 연주함으로써 사랑을 받았다. 강성한 블레셋 군대가 이스라엘과 전쟁을 걸었다. 적장은 체구가 장대한 골리앗이었다. 다윗은 매끄러운 돌 다섯 개를 주워 주머니에 넣고 물매를 들었다. 그는 자기 앞으로 나아오는 골리앗을 향하여 물맷돌을 힘껏 던졌다. 골리앗이 이마를 돌에 맞고 쓰러지자, 다윗은 달려가서 그의 칼을 빼어서 베어 죽였고, 블레셋 군대는 참패했다.(《사무엘 상》, 17:12~58).

다윗에 대한 이스라엘 백성의 신망은 높아 갔다. 이를 시기한 사울왕이 다윗을 죽이려 했고, 다윗은 피해 다니는 몸이 되었다. 마침내 사울왕과 그 세 아들이 블레셋 군대의 침입으로 죽게 되자, 다윗이 왕이 되었다. 그는 예루살렘을 쳐서 이를 '다윗성'이라 하고 요새를 구축했다. 마침내 블레셋, 모압, 수리아, 에돔 등을 정복하고 이스라엘을 강성한 나라로 만들었다.

다윗은 신앙심이 독실하고 용맹이 출중했다. 그는 시인이요 악기 연주자였다. 구약 성서 《시편》 150편 가운데 73편을 다윗이 썼다. 다윗은 이스라엘의 전성기를 이루었다. 이때가 중요하다. 사람이나 나라나 절정기가 곧 위기이다. 창업과 수성守城이 다 어려운 법이다.

우리는 신약 성서 《마태복음》을 처음 읽을 때 적이 당황하며 지루해하기도 한다. 1장 2절부터 16절까지 모두 누가 누구를 낳았다는 이야기의 연속이다. 그럼에도 우리가 주목할 대목이 적지 않다. 그 중에서 제6절 후반부 "다윗은 우리아의 아내에게서 솔로몬을 낳고."야말로 충격적인 대목이다. 왜 다윗은 남의 아내의 몸에서 자기 자식을 낳았는가?

다윗은 이웃집 아내를 궁중에 불러들이고 동침하여 아이를 잉태하게 하였다. 여인은 충성스럽고 용맹한 이스라엘 장수 우리아의 아내였다. 다윗은 임신 알리바이를 조작하기 위해 전선에 나가 있는 우리아를 수도로 불러들였다. 다윗을 만나고 왕궁을 나간 충직한 장수 우리아는 아내가 있는 집으로 가지 않고 끝내 왕궁 문에서 잤다.

우리아를 설득하기에 실패한 다윗은 우리아를 전선에 나가 죽게 하였다. 그는 부대장 요압을 시켜 전투 중에 우리아만 선두에 남겨 둔 채 대열이 모두 뒤로 물러나게 하였던 것이다. 그야말로 천인공노할 다윗의 흉계였다. 다윗은 살인 교사범이 되었다.

다윗은 남편의 죽음을 알고 호곡하는 밧세바를 궁으로 불러들여 아내로 삼았다. 그리고는 아들을 낳았다. 선지자 나단은 다윗의 악행을 엄하게 질타하였다. 부정하게 태어난 아들은 죽었다. 밧세바가 낳은 둘째 아들이 뒤에 지혜의 왕이 된 솔로몬이다.

성서는 "죄의 삯은 사망이니라."고 경고한다. 다윗의 아들 암논이 이복 누이 다말을 범하는 근친상간 사건이 일어난다. 다말의 친오라비 압살롬은 분을 참지 못하고 암논을 죽인다. 3년이나 궁을 떠나 있던 압살롬이 부왕께 돌아와 용서를 받는다. 그러나 압살롬은 군사를 모아 반란을 일으키고, 다윗은 예루살렘에서 탈주한다. 왕궁을 차지하고 권좌에 오른 압살롬은 부왕의 후궁들과 동침하는 패역을 저지른다.

요단강을 건너 피신한 다윗은 전열을 가다듬어 압살롬 무리와 맞선다. 노새를 타고 오던 압살롬은 숲속의 상수리 나무에 목이 걸려서 죽임을 당한다(《사무엘 하》, 11:1~12:15).

참담한 가정 비극이다. 사랑하는 딸이 오라비에게 능욕당하고, 한 아들이 다른 아들을 죽이고, 살인한 그 아들이 아버지에 반역하다가 죽음을 당하는 이 비극의 원인은 간음과 살인의 중죄를 범한 다윗의 범행에 있다.

요셉은 유대인이 길이 찬미하며 우러르는 인물이다.

야곱의 열한 번째 아들 요셉은 아버지의 사랑을 많이 받았다. 형들이 시기하여 그를 죽이려 했다. 구덩이를 파고 묻으려던 형들은 마음을 바꾸어 그를 이스마엘 사람들에게 은 2십 개에 팔았다. 그는 애굽 왕 바로의 시위 대장 보디발의 집에 종으로 팔렸다. 주인의 신임을 얻은 요셉은 그 집의 총무 일을 하게 되었다. 그 안주인의 유혹을 한사코 뿌리친 요셉은 그녀의 무함으로 왕의 죄수를 가두는 옥에 갇혔다. 옥에서 풀려난 관원장이 요셉이 꿈을 해석하는 재주가 있음을 왕에게 고했고, 요셉은 왕의 꿈을 바로 푸는 신기한 능력을 보였다. 요셉은 앞으로 일곱 해 풍년이 들고 이후 일곱 해 흉년이 들겠으니, 기근에 대비해야 한다고 예언했다. 요셉은 애굽의 총리가 되어 나라를 평안케 하였다.

가나안 땅에 기근이 들었다. 요셉의 형들이 식량을 구하러 애굽에 와서 그 앞에 엎드리게 되었다. 우여곡절 끝에 요셉은 형제들과 눈물로 재회한다(《창세기》, 37:1~39:28).

요셉 이야기의 여러 모티프 중에서 우리가 크게 주목할 것은 시위 대장 아내의 유혹 대목이다. 요셉이 그녀의 유혹에 빠졌다면, 그가 애굽의 총리가 되는 영예도, 아버지·형제들과의 재회도 없었을 것이다.

사람은 잘되었을 때 방심하여 허방다리에 빠지기 쉽다. 우리는 종종 만인이 존경하여 마지않던 큰인물이나 선하디선한 사람이 한순간 에로스적 욕망의 늪에 빠져 일시에 명예를 추락시키고 패가망신하는 모습을 보곤 한다.

삼손과 다윗과 요셉은 모두 다 욕정의 유혹과 마주했다. 삼손은 끝내 파멸했고, 다윗은 진정으로 회개하여 용서를 받았으나, 그 자손이 근친상간하거나 형제 살해를 하고 반란을 일으켜 죽음과도 같은 통고 체험痛苦體驗을 해야 했다. 요셉만이 그 유혹을 이기고 승리하는 복을 누렸다. 욕심이 장성한즉 죄를 낳고, 죄의 삯은 사망이라고 성서는 깨우친다. 기독교 신자가 아닌 사람에게도 소중한 인류 보편적인 교훈이다.

맹자의 불인지심

　언젠가 스타 국사 강사 한 사람이 해괴한 말을 하여 상식이 온전한 사람들의 비위를 뒤틀어 놓았다. 그의 강의를 영상으로 보았더니, 수사가 현란하고 자극적이어서 청소년들의 인기를 얻기에 안성맞춤이었다. 지식의 대중화 쪽으로 볼 때 긍정적인 면이 엿보였다. 그런 그가 망발을 한 것이다.
　3·1 운동 그날에 민족 대표들은 '룸살롱인 태화관'에 모였고, 거기서 낮술을 들고 독립 선언을 했다는 것이 강의의 요지였다. 그 시기에 태화관은 서울서 몇 안 되는 회합 장소 중의 하나였고, 지금의 룸살롱 같은 유흥 주점은 아니었다. 룸살롱이 뭘 하는 곳인 줄은 모르나, 낮술 이야기가 나오는 것으로 보아 유흥 주점인 듯하다.
　그런 발언은 상황 윤리로 보아 말이 되지 않는 사실 왜곡이다. 야비하게 비틀었고, 말이 천박하다. 나라가 왜적에 짓밟히고, 온 민족이 일제의 압정에 신음하던 그때 상황에 우리 민족 대표들의 마음은 칼날 위에 서 있었고, 목숨을 걸겠다는 각오로 그 자리에 모였을 것이다. 민족 대표 33인 중에 16인은 기독교 목사와 장로였고, 15인은 천도교 지도자, 2인은 불교 승려였다. 3대 종교 대표들이 모인 숙연한 자리였다. 그곳이 어찌 룸살롱이며, 그분들이 어찌 낮술에 취할 수 있었겠는가. 혹 반주 한 잔쯤 비장하게 건배했을 수는 있다.

　더욱이 그 강사는 민족 대표 손병희 선생이 태화관 마담 주경옥과 사귀었고, 그 마담이 DC(할인)해 준다고 했을 것이라는 대목에서는 말문이 막힌다.

　역사 이야기를 하면서 늘 경직된 엄숙주의에 사로잡힐 필요는 없다. 역사를 재미있게 공부하면 효율도 높을 것이다. 아무리 그렇다고 해도, 역사적 사실은 상황 논리와 상황 윤리에 맞게 해석해야 옳다. 재미를 우선 순위에 두고, 엄숙한 역사적 사실을 왜곡하거나 희화화戲畵化하여 한갓 웃음거리로 전락시키는 일도 있다.

　근래에 어느 소설가는 원균을 긍정적으로 부각시킨다며 이순신을 용렬하고 비루한 인물로 그리다 못해 모욕했다. 용맹하고도 호방한 원균이 이순신의 멱살을 잡고 질질 끄는 모습을 보여 준 바 있다. 어느 작가는 이순신을 의리 없고 처신에 밝은 아첨꾼이라 썼다. 기가 막힐 일이다. 《이충무공전서》나 《선조실록》까지는 아니라도, 당시에 영의정이었던 유성룡의 《징비록》이나 이면사까지 다룬 이긍익의 《연려실기술》만 제대로 읽어 보아도 그런 억지는 부릴 수 없을 것이다.

이순신은 도대체 아첨하는 처세술 같은 것이 없었다. 여러 차례 강등과 승진을 거듭하면서도 묵묵히 자기 임무만 다할 정도로 그는 우직했다. 전라좌수사로 임명되기 전에도 그는 3품에서 6품으로 강등된 정읍 현감 자리에 있었다. 그가 유성룡에 빌붙어서 출세했다는데, 이는 역사 공부를 제대로 하지 않은 사람의 망발이다. 이순신을 전라좌수사로 승진시킨 사람은 선조 임금이었다. 유성룡은 왕명을 따랐을 뿐이다. 《선조실록》에 소상히 기록되어 있다. 이순신이 아첨꾼이라는 것은 얼토당토않은 왜곡이다. 임진왜란이 나기 3년 전에 일어난 정여립의 모반에 연루되어 감옥에 있는 선배를 면회까지 한 이순신이었다. 자칫하면 자신마저 역적으로 몰릴 수 있는 위험한 행위였다.

스타 역사 강사의 어록은 실로 가관이다. "인목 대비가 새끼를 낳아…….", "선조가 꽥하고 돌아가셨을 때…….." 이는 광해군 이야기 중의 일부다. 대비가 새끼를 낳다니? 이런 막말이 없다. 경조부박輕佻浮薄하고 재승박덕才勝薄德하다는 말은 이럴 때 쓴다. 자기 할아버지의 사망도 깨갱하고 돌아갔다고 할 것인가.

최근 박근혜 대통령 탄핵을 전후하여 정치인, 언론인 들이 쏟아내는 말들은 추악했다. 대통령이 미용 시술을 하고 태반 주사를 맞았다느니, 대통령 방에서 최음제(비아그라)가 나왔다느니, 식당 사람들을 쌀쌀하게 대했다느니, 텔레비전만 보고 나랏일은 팽개

쳐 두었다느니, 화장실 변기 사용에 까다로웠다느니, 세월호 침몰 비극 시의 7시간 동안 남자와 놀아났다느니 등 전혀 상식에 맞지 않은 악성 루머가 창궐했다. 광역 자치 단체 수장까지 지낸 한 국회 의원은 박근혜 대통령은 IQ가 낮다고 모욕하는 말을 내뱉으며 텔레비전 화면에 얼굴을 크게 내밀었다.

 대통령 탄핵의 타당성 여부와 관계 없이, 그런 빌미를 준 것은 대통령의 책임이다. 아무리 그렇다 해도, 정치인들이 선동하고, 시위대가 대통령과 남성의 나체 합성 사진을 만들어 극한적인 모욕을 준 것은 차마 눈뜨고 볼 수 없는, 그야말로 목불인견目不忍見의 행태였다. 언론마저 이에 부화뇌동하여 국민을 좌절감에 빠뜨린 것은 정상이 아니다.

 역사를 허구화할 경우에 '기록으로서의 역사historiography of past'를 창조적으로 재해석하고, 상상적 허구화를 추구하는 것은 자유다. 하지만 거기서도 허구적 진실fictitious truth이 있어야 한다. 소설이 전개되는 이야기 연쇄의 단위에는 의존 모티프bound motif와 자유 모티프free motif가 있다. 역사 소설에서 세종 대왕이 몸소 훈민정음을 창제한 것은 의존 모티프이고, 성삼문과 신숙주, 승려 신미, 공주 등이 이를 도왔던 사실도 의존 모티프다. 승려 신미 등이 훈민정음 창제자로 둔갑하는 것은 사실史實의 왜곡이다. 자유 모티프는 작가의 상상력이 빚어낸다.

 3·1 운동의 민족 대표들과 이순신의 애국 행적을 함부로 폄훼

하거나 웃음거리로 희화화하는 것은 크나큰 병폐다. 초·중·고교와 대학에서 수석을 한, 선한 박근혜 대통령을 IQ가 낮다는 등 온갖 험한 말로 명예를 유린한 것도 마찬가지다. 이에 덩달아 부화뇌동한 민심도 야멸차기 그지없었다. 대한민국의 정체성을 새로이 세우고, 국가 안보를 튼실히 하는 등 그의 긍정적 업적은 그 북새통에 통째로 무시당했다. 그의 통치 행위상의 실책 문제는 역사가 판단할 것이다.

요즈음 입술 부정한 사람들이 '아무 말 대잔치'를 벌이는 현상이 절대 다수 국민들의 마음을 아프게 한다. 맹자가 말한 불인인지심不忍人之心, '차마 그러지 못하는 마음'을 그들은 전혀 모르는 모양이다. 사람이라면 차마 해서는 안 될 말과 행위가 있다.

순박하던 우리 민족이 어쩌다가 이렇게 잔혹해졌을까, 탄식이 인다. 정치 권력욕과 물질에 대한 소유욕 때문일 것이다. 사람이 사람되기가 이렇게 어려운 것인가. 사람 되는 교육이 절실하다.

맹자는 푸줏간으로 끌려 가는 소를 보고 측은지심을 못 이겨 했다. 그런 경우에 쓰인 불인지심을, 여기서는 확장된 의미로 썼다.

낙태죄에 대하여

독일계 프랑스(알자스 로렌) 사람 알베르트 슈바이처(1875~1965)는 생명 외경 사상의 위대한 스승이다. 의학·철학·신학 박사 학위 소지자요 파이프 오르간 연주자였던 슈바이처는 문명 세계의 모든 혜택과 영예를 뒤로한 채 1913년 아프리카로 갔다. 그의 봉사 정신에 공감하여 간호사가 된 아내 헬레나도 함께했다. 그는 적도 지역 가봉의 랑베레네에 병원을 세우고, 비참한 아프리카인들을 평생껏 치료하고 복음을 전하였다. 그는 루터교 목사의 아들이었다.

슈바이처는 생명 있는 모든 존재를 소중히 여겼다. 모기장 안에 날아든 모기조차 죽이지 않고, 밖으로 유도해 내었다. 그가 받은 괴테상(1927)이나 노벨평화상(1952) 같은 것도 그의 공을 기리기에는 부족한 것이었다. 모기 한 마리조차 경외하였으니, 그가 원자탄 사용을 반대한 것은 당연하다. 슈바이처는 피가 도는 동물의 생명을 빼앗을 수 없었으므로 채식주의자가 될 수밖에 없었다. 채소는 생명체가 아니냐는 항변에 이르면 더 할 말이 없기는 하다.

법과 대학엘 다니던 시절 나는 형법 제269조의 낙태죄에 대하여 고심했다. 영아 살해죄를 두고 태동설, 일부 노출설, 전부 노출설 등으로 학설은 나뉘어 있었다. 아이가 태어나려는 태동이 있을 때 산모에게 충격을 가하여 태아가 잘못되어도 영아 살해죄가 성립한다는 것이 태동설이다. 태아가 산문 밖에 일부가 나왔거나 전부가 나왔을 경우에는 더 말할 것이 없다는 것이다.

최근에 우리 사회에서 낙태죄를 폐지하라는 여성들의 피켓 시위가 있었고, 2019년 4월 11일 헌법재판소가 헌법 불합치 판정을 내렸다. 형법상 낙태죄는 66년 만에 폐지하게 되었다. 정통 그리스도교 쪽에서는 이에 강력히 항의했다.

미국 캘리포니아대학교 로스앤젤레스 캠퍼스 UCLA 의과 대학의 한 교수가 졸업을 앞둔 학생들에게 물었다.

"아버지는 매독에 걸려 있고, 어머니는 폐결핵 환자다. 아이 넷이 태어났다. 첫째는 매독 균 때문에 맹인이 되었고, 둘째는 병들어 죽었다. 셋째는 귀가 먹었으며, 넷째는 결핵 환자였다. 어머니가 또 임신을 했다. 그대들이라면, 이 임신한 아이를 어찌하겠는가?"

이 물음에 학생들은 입을 모아 대답했다.

"유산시켜야 합니다."

교수는 다시 말했다.

"자네들은 지금 베토벤을 죽였어."

루드비히 판 베토벤(1770~1827)은 독일 쾰른시 라인강가 다락방에서 태어났다. 아버지는 술에 찌든 테너 가수였고, 어머니는 하녀 출신이었다. 베토벤이 17세 되던 해에 어머니는 사망했다. 병든 베토벤은 하일링겐슈타트에서 요양하던 중에 자살을 결심하고 유서까지 썼다. 유서를 찢어버리고 재기에 성공한 음악가가 되었으나, 우울증에 걸린 터에 청각마저 잃고 실연의 아픔까지 겪었다. 베토벤의 걸작은 불우했던 마지막 10년간에 작곡한 것들이다.

베토벤의 제9 교향곡 〈합창〉이 처음 공연될 때의 일화는 우리의 가슴을 흔들어 놓는다. 〈합창〉의 절정 '환희의 송가'가 울려 퍼진 후 지휘를 마친 베토벤은 청중들의 우렁찬 박수 소리를 듣지 못했다. 그러나 박수치며 열광하는 그들의 모습에 감격한 베토벤의 두 눈에서는 뜨거운 눈물이 흘러내렸다. 1824년 5월 7일의 일이다.

베토벤의 위대성은 장애를 극복한 그의 분투에만 있는 것이 아니다. 특히 제9 교향곡 〈합창〉을 중심으로 한 축복과 환희의 영성靈性spirituality 때문에 그는 악성樂聖 칭호를 받는다. 25세에 청력을 잃은 그는 끝없는 절망의 심연을 헤매었고, 죽음을 결심하기도 하였다. 하지만 마침내 그는 자아와 인류의 구원을 향한 간절한 기구祈求의 혼을 담아 5선지에 악보를 채워 나갔다. 청력을 잃음으로써 세상의 모든 소음noise에서 해방된 그는 인류의 자유와 역사의 진보, 인류애와 화합을 구가하는 장엄한 교향곡을 완성했다. "만민들아 노래하라, 창조주의 영광을."로 시작되는 장엄한 합창. 루드비히 판 베토벤의 불멸의 위대성. 그것은 '운명'이 창조한 역설의 기적이다. 자유와 형제애와 역사의 진보를 꿈꾸며 바치려 했던 〈영웅 교향곡〉의 주인공 나폴레옹의 배신에 대한 그의 분노는 '환희의 송가'로 승화되었다.

낙태로 인해 베토벤이 세상 빛을 못 봤다면? 생각만 해도 끔찍한 일이다.

슈바이처 박사가 모기채로 모기를 죽여도 비난할 사람은 없을 것이다. 베토벤이 태중에 있을 때 그의 부모는 낙태(임신 중절)할 수도 있었겠으나, 그러지 않았다.

비단 베토벤같이 위대한 인물이 아니어도, 모든 생명은 존귀하다. 사람뿐 아니라 모든 생명이 다 소중하다.

낙태죄를 폐지하는 것은 낙태를 방치하자는 것이 아니다. 낙태 문제는 실정법의 영역에서 자연법과 인간의 양심 영역으로 넘어왔다. 더욱 준엄한 윤리와 신앙의 과제가 된 것이다.

태아는 모기와 전혀 비견될 수 없는 존귀한 생명체다. 모기 한 마리의 생명까지도 경외하였던 슈바이처 박사는 인류의 생명관에 지침을 준 큰 스승이다.

욕망 이론

프랑스 철학자요 비평가인 자크 라캉은 인간의 욕망에 대하여 책 한 권을 썼다. 욕망의 주체는 나그네, 길은 사막, 대상은 신기루라 했다. 그의 저서 《욕망 이론》의 요지다. 욕망의 대상이 신기루에 지나지 않고, 그것을 향한 길이 사막일지라도, 인간은 욕망이 있기에 살아간다는 것이 그의 지론이다.

인생의 결말은 뻔하다. 삶의 열매는 죽음이다. 그럼에도 우리는 대체로 그걸 잊고 산다. 일하는 순간마다 죽음을 생각한다면, 개인의 업적 성취나 인류 문명의 진보란 아예 기대할 수 없을 것이다. 독일 철학자 임마뉴엘 칸트는 "인생이란 이곳에서 저곳까지 도달하느냐의 문제라기보다 그것을 위하여 노력하는 과정 자체다."라 했다. 욕망의 대상을 향하여 최선을 다하면 그만이다.

고등 종교 신자들은 인간의 최선이 영원한 구원을 향한 것이기에 그 의의는 분명하다. 그렇지 않은 현세주의나 무신론자에게는 자기 이름을 세상에 떨치고, 권세를 잡아 만민 위에 군림하며, 큰 재물을 모아 자손에게 물려주는 것이 인생 최고의 목적일 것이다. 그 어느 경우든 간에 중요한 것은 하루하루 최선을 다하며 살면 된다. 칸트의 말이 옳다는 뜻이다.

역사에 이름을 남긴 거룩한 사람들은 자기 사후의 평가에 연연해 하지 않고 자신이 맡은 임무에 끝까지 최선을 다했다. 우리 역사상 세종대왕과 함께 2대 위인에 드는 충무공 이순신 통제사야말로 인생의 과정에 충실했던 거룩한 인물이다. 충무공은 당신 이름을 떨치거나 승진하기 위하여 로비를 한 적이 없다. 유성룡같이 친분이 두터운 인물을 한 번도 찾아간 일이 없다. 역모 혐의로 구속된 상관을, 위험을 무릅쓰고 면회한 이순신은 처세술 쪽에서는 백치에 가까웠다. 우직하기 짝이 없었기에 그는 좌천과 승진을 거듭하며 두 번이나 백의종군을 했다. 용렬한 선조가 사람 보는 안목을 갖춘 덕에 이순신을 전라좌도수군통제사에 7등급 특진 임명한 것은 신의 한수였다. 이순신은 목숨을 걸고 병법을 엄수했다. 조정이 병법을 어기고 내린 명령을 따르지 않았다. 일본의 간계를 미리 알아채었기 때문이다. 그는 어명을 거역한 죄로 한양에 압송되었고, 죽음 직전에 풀려나 백의종군하는 신세가 되었다.

이순신은 죽는 순간까지 오직 나라 걱정을 했다. 1598년 11월 19일 새벽 남해 노량 해전에서 왜적이 쏜 조총을 맞고 그가 남긴 유언이 우리의 폐부를 저민다. "싸움이 한창 급하니, 삼가 내 죽음을 알리지 말라." 이런 사람이 영국에도 있었다. 영국의 넬슨

제독이었다. 제독은 스페인 쪽 트러팰거 해전을 승리로 이끌고 전사했다. 전투가 끝나 갈 무렵 그는 총탄을 맞고 쓰러졌다. 그도 그의 죽음을 알리지 말 것을 부하들에게 당부했다. 그리고 그는 감동적인 명언을 남겼다. "저는 제 임무에 최선을 다하였습니다. 신이여, 감사합니다 I have done my duty, thank God."

이순신과 넬슨은 사심 없이 살다가 죽어 영구히 살아남았다. 이순신은 아산 현충사를 비롯한 통영, 남해, 여수 등 여러 사적지에서 그를 기념하는 등 후손들의 심령에 성웅聖雄으로 살아 있다. 넬슨 또한 그의 조국 런던에 트러팰거 기념 광장이 생겼고, 영국인들의 마음속에 꺼지지 않을 애국자의 표상으로 살아남았다.

영국 감리교 목사 요한 웨슬리는 말했다. "우리가 죽어 신 앞에 서면, 세상에서 무엇이었느냐가 아니라 어떻게 살다가 왔느냐는 물음을 받을 것이다."고.

인생은 과정 그 자체다. 욕망은 '무엇'보다 '어떻게'에 맞춰져 있는 것이 옳다.

음수사원

사람을 못 견디게 하는 것이 배고픔과 목마름이다. 사랑이 고프다고 하여도, 그건 배고픔과 목마름을 채운 다음의 일이다. 형벌 가운데 제일 견딜 수 없는 것이 굶기고 목마르게 하는 일이라고 수형자들은 고백한다. 세계 각국의 이면사를 보아도, 이 두 가지는 인간이 피할 수 없는 원초적인 욕구임이 분명하다. 동·서양 전쟁사에서도 군사가 주둔할 지역에 식수가 있는가 여부는 필수 요건이었다. 구약 성서에도 우물 쟁탈에 관한 이야기가 클로즈업되어 있다. 우리나라《삼국사기》에 나오는 지명에는 '~샘', '~내'와 함께 '~골'과 '~벌'이 붙어 있다. 찬샘, 너른내, 큰골, 달구벌 등이 그 예다. 통일 신라 35대 경덕왕 때인 786년 이런 이름들이 한자 지명으로 바뀌어 오늘에 이르렀다. 냉천, 광천, 대곡, 대구와 같이 변경되었다. 물이 흐르는 골짜기나 벌판에 마을이 있었다.

아무튼 물은 모든 생명체 생존의 필수 조건이다. 그래서 예로부터 '음수사원飮水思源'이라는 말이 전해 온다. 물을 마시면서 그 근원을 생각하라는 것이다. 우리는 목이 타서 물을 마시면서도 그 물이 어디서 왔는지를 생각하지 않는다. 우리 어린 시절에는 산골에 흘러내리는 물을 두 손으로 움켜 시원스레 마시곤 했다. 오염되지 않은 맑은 물이었다. 그러면서도 그 원천은 생각지 않았다.

나는 '음수사원'의 윤리를 아버님께 배웠다. 근원에 대하여 감사해 하라는 뜻이다. 노년에 들어서면서 아버님 생각을 하면, 이 가르침이 아득히 먼 곳에서 그리움을 타고 와서 가슴을 때린다.

2021년 7월 2일에 유엔 무역개발회의에서 우리나라를 선진국으로 공식 인정했다. 제2차 세계 대전 후에 독립한 140개국 가운데 산업화(경제 기적)와 민주화를 함께 달성한 나라는 대한민국뿐이다. 우리나라는 GDP 3만 달러 이상에 인구 5천만이 넘는 3050 클럽 7대 강국의 반열에도 올라 있다. 경이롭고 감사한 일이다.

우리는 의·식·주에 걱정이 없는 부유한 국민이다. 과식으로 비만하여 다이어트에 고심할 지경에 이르렀다. 또 자유가 보장되어 대통령을 격렬한 어조로 비판할 수 있는 민주 사회에 살고 있다. 이 자유와 풍요의 원천은 어디인가?

우리가 자유를 마음껏 누리고 사는 것은 초대 대통령 이승만 박사 덕분이다. 동유럽과 아시아 대륙 대부분이 공산주의에 물들었을 때, 이승만 대통령은 이 땅에 자유 민주주의 국가 대한민국을 세웠다. 탁월한 선택이었다. 1945년 8월 15일에 해방은 '도적같이' 왔고, 정국은 좌·우익 싸움으로 대혼란에 빠졌다. 하지 중장의 미 군정은 처음에 좌·우익의 활동을 다 포용하려 하였다. 그러다가 1945년 10월의 조선공산당 지폐 위조 사건(조선정판사위폐사건), 1946년 10월 1일의 대구 폭동, 1947년 3월 1일부터 이듬해 4월 3일까지 있은 제주 4·3 사건, 1949년 10월 19일의 여수·순천 육군 제14연대 반란 사건 등 공산주의자들의 폭동이 임계점에 이르렀다. 미 군정은 힘겹게 혼란을 수습하고, 1948년 8월 15일 대한민국의 수립을 본 후 1949년 9월 19일에 미군 철수를 결행하였다. 북한·중공·소비에트연방의 거대한 공산 블럭의 위세 앞에서 대한민국은 바람 앞의 등불 신세가 되었다.

미 군정에서는 이 땅 사람들의 이념 성향을 조사했다. 사회주의 40%, 공산주의 30%, 자유 민주주의 30%였다. 이승만은 이런 상황에서 대통령에 취임하였다. 이 대통령은 조선공산당원 경력이 있는 조봉암을 농림부 장관에 기용했고, 전격적으로 농지 개혁을 실시하여 소작농들도 자기 농지를 갖게 하였다. 거대 지주가 몰락하게 된 계기였다. 6·25 전쟁이 났을 때 농민들이 궐기하리라 던 김일성과 박헌영의 예상이 빗나간 것에도 이 농지 개혁이 크게 공헌했다. 이승만 대통령의 독재와 장기 집권욕은 비난받아 마땅하다. 그러나 이 대통령이 이 땅에 자유 대한민국을 세운 공적은 불멸의 위업임에 틀림없다. 이승만 정부에서 배운 자유 민주주의 정신으로 나는 4·19 혁명 대열에 서서 목숨을 잃을 뻔하였다. 역사의 아이러니다. 우리 대한민국 현대사는 첨예한 모순이 치열하게 충돌하며 지양·통합된, '비분에 찬 영광'의 행로였다.

우리가 보릿고개의 가난을 떨치고 배불리 먹고 마실 수 있는 원동력은 누가 뭐래도 박정희 대통령의 '조국 근대화'의 억척같은 추진력 덕분이다. 국가 발전 단계로 보아, GDP 82달러로 세계에서 제일 빈곤한 우리나라의 경제 기적을 일으키는 방도는 국가 주도의 거시적 발전 전략과 실행밖에 없었다. 이를 위하여 자유 민주주의가 유보된 것 역시 아픈 모순이다.

당시에 경제 개발(조국 근대화)을 꼭 박정희 대통령의 리더십에 의하여야 했느냐는 질문이 있겠다. 북한의 위협이 계속되는 그 시기의 국가 발전 단계로 보아 경제 개발과 민주화를 아울러 추진하는 투 트랙 전략을 전개할 능력이 우리에게는 아직 형성되어 있지 않았다. 야당은 '오직 민주화'에 목매었을 뿐, 그 민주화에 선행되어야 할 '필요 조건'이 경제 발전이라는 것을 알지 못하였다. 박정희 대통령이 경부고속도로 건설(1968. 2. 1.~1970. 7. 7.) 공사에 착수하자, 야당 대표는 나라를 망칠 사업이라며 극렬히 반대하였다. 그때에 민주화 운동가들은 이념화된 민주주의만을 위하여 목숨을 걸다시피 하며 투쟁할 뿐, 굶주리는 국민을 살려 낼 청사진을 제시하는 일에는 안목이 없었다. 박정희 대통령의 '경제 개발 독재'와 야당의 '정치적 민주화의 에너지'는 예각적으로 충돌할 수밖에 없었다.

　대한민국 오늘의 번영은 박정희 대통령의 경이로운 경제 개발 에너지와 김영삼·김대중 대통령의 불굴의 민주화 에너지의 대립과 지양, 통합으로 이루어진 것이다.

　이승만 대통령의 자유 민주 국가 수립의 결단은 위대했다. 장제스(장개석)는 중화민국(타이완)을 세워 종신껏 총통을 하였고, 리콴유(이광요) 수상도 싱가포르를 종신껏 통치했다. 3권 분립의 임기제 대통령 중심제에 내각 책임제를 일부 수용한 자유 민주 공화 체제를 택한 이승만 대통령과 대비된다. 타이완과 싱가포르는 일사불란한 강권주의 독재 체제로 단기간에 경제 발전을 이루고 사회를 안정시켰다. 이와 달리, 우리나라는 말 많고 시끄러운 백가쟁명의 자유 민주 체제를 이끌며 분열·반목·혼란의 피어린 투쟁의 역사를 쓰면서도 마침내 부요한 강국을 만들기에 성공했다.

　요사이 정치권을 중심으로 한 철없는 사람들이 자유 대한민국의 초석을 놓은 이승만 대통령을 맹렬히 공격하면서, 국립 서울 현충원에 있는 묘를 파내어야 한다는 폭언을 일삼고 있다. 공로가 큰 조상을 모독하는 패륜이다. 수차례의 경제 개발 계획을 세우고 이를 실천하여 '한강의 기적'을 낳은 박정희 대통령을 저주하며, 묘소에 철심을 박기까지 한 사람도 있다. 배은망덕이다.

　이승만·박정희, 김영삼·김대중 대통령은 자유 민주 대한민국을 위하여 분투한 은인들이다. 5천 년 우리 역사의 한이 되었던 보릿고개의 설움을 떨치고 자유롭고 부요한 나라에서 살게 된 우리 5천 2백만 대한 사람들은 적어도 저 네 분 대통령의 공적을 잊을 수 없다. 아울러, 별 보고 집을 나서서 별 보며 집으로 돌아오는 등 온갖 고난과 싸우며 민족 자본과 국부國富를 일군 기업인과 선배 노동자, 농·어업인, 교육자, 공직자, 기술자 들, 국민의 생명과 재산과 국토를 지켜 온 군대와 경찰 등이 모두 소중한 은인들이다. 선한 뜻을 펼쳐 오는 과정에서 빚은 과오는 압축 성장 과정에서 분비된 부작용이다. 지금은 함께 얼싸안아야 할 때다. 피땀과 눈물로 이 나라를 일군 조상들을 욕보이는 것은 패륜을 능가하는 죄악이다.

조상들의 공헌 중에서도 결정적인 것은 이승만 대통령의 업적이다. 이 대통령은 고난의 이 땅에 자유 민주 국가를 세우고, 미국과 한미상호방위조약을 맺어서 대한민국의 안보 체제를 반석 위에 올려 놓았다. 1953년에 이 대통령이 미국과 군사 동맹을 맺은 것은 신의 한 수였다. 우리 외교사에서 이 대통령이 '외교의 신'으로 불리는 데는 까닭이 있다. 자국의 이익이 고려되었다 해도, 세계 최강국 미국이 최빈국 대한민국과 상호방위조약을 맺은 것은 기적이었다. 이 소중한 조약 덕분에 박정희 대통령의 '조국 근대화'와 김영삼·김대중 대통령의 '민주화'가 가능했던 것이다.

이승만이 아닌 남로당의 박헌영 같은 사람이 제1공화국 정권을 잡았다면, 지금 우리는 김일성 일가의 3대 세습 체제와 빈곤의 감옥에서 신음하고 있을 것이다. 북한에는 자유가 없고, 경제력은 우리의 54분의 1이다. 아프리카와 함께 굶주림과 영양 실조로 '왜소증'에 걸린 북한 주민들의 신음 소리가 아프게 들려 오는 오늘이다.

우리들 중에 실로 이상한 사람들이 대한민국의 자랑스러운 역사를 폄훼하고, 심지어 북한과 내통하여 간첩 활동을 하기도 한다.

우리 헌법 전문에는 '3·1운동으로 건립된 대한민국 임시 정부의 법통과 불의에 항거한 4·19 민주 이념을 계승'한다는 기본 정신이 천명되어 있다. 일부 정치·사회 세력이 김구 주석의 임시 정부만 인정하고, 이승만 정부를 부정하려는 것은 우리 정치사를 단절의 비극으로 몰아 가는 패착이다. 김구 주석과 이승만 대통령은 대한민국의 정통성 구축에 결정적으로 공헌한 역사의 주역들이다. 이승만 박사는 임시 정부의 대통령이기도 했다. 임시 정부에서 이승만 반대 세력이 있었다고 하여, 그를 일방적으로 매도하는 것도 바람직하지 않다. 당시 임시 정부는 좌우익 이념 싸움으로 편할 날이 없었다는 것이 사실이다.

오늘날 우리가 누구 은덕에 이렇듯 자유와 풍요를 누리는가. 음수사원飮水思源은 사람의 도리를 가르치는 금언이다.

정치인과 유머

미국 제16대 대통령 에이브러햄 링컨은 위대한 정치 지도자이면서 유머의 달인이었다.

링컨의 아내 메리토트는 장점이 많은 여인이었다. 그녀는 가난한 링컨을 배우자로 택하였고, 그를 일생토록 보필했다. 그런 그녀에게도 사치와 낭비벽에 신경질까지 있었다. 어느 날 그녀의 신경질에 화가 난 이웃 상점 주인은 남편인 링컨에게 역정을 내며 시비를 따졌다. 링컨은 그의 어깨에 손을 얹고 웃으면서 위로했다. "저는 15년 동안이나 참고 살아왔습니다. 제발 15분 동안만 참아 주십시오." 하는 링컨의 말에 가게 주인은 웃고 말았다.

링컨이 상원 의원 후보로 나서서 선거 유세를 하던 때의 일화도 유명하다. 민주당 더글러스 후보는 그가 잡화상을 하면서 술을 팔아 법을 어겼다고 맹렬히 공격했다. 링컨은 답하였다.

"예, 그렇습니다. 더글러스 후보가 한 말은 사실입니다. 그런데 제가 그 상점에서 일하던 당시에 더글러스 후보는 그 가게에서 술을 많이 사 마신 최고의 고객이었습니다. 그리고 더 확실한 사실이 있습니다. 제가 술 파는 계산대를 떠난 지 오래되었을 때에도, 더글러스 후보는 여전히 그 상점의 충실한 고객으로 남아 있었습니다."

청중들은 링컨에게 열렬한 환호와 박수를 보내었다. 천사 같았던 어머니의 유언에 따라 평생 술과 담배를 입에 대지 않은 링컨도 이런 모순된 생활을 한 적이 있었다. 더글러스는 이 약점을 꼬집은 것이다. 더글러스 후보는 이에 지지 않으려고 링컨더러 말만 그럴듯하게 하는 두 얼굴의 이중 인격자라고 몰아붙였다. 링컨은 다시 이렇게 응수하였다.

"제가 만일 두 얼굴의 사나이라면, 오늘같이 중요한 날 왜 이렇게 못생긴 얼굴로 나왔겠습니까?"

링컨은 상대 후보에게 감정적으로 응대하지 않았다. 그의 말에는 냉철한 논리와 함께 유머가 깃들여 있었다. 그는 그야말로 정치적 위트political wit의 명수였다.

30년 동안이나 정적政敵이었던 스티븐 A. 더글러스는 대통령 선거에서 링컨에게 패한 후 남북 전쟁 때 링컨 대통령을 도와 나라를 안정시키는 친구가 되었다.

링컨의 정치적 라이벌이었던 에드윈 스탠튼 변호사는 사사건건 링컨을 헐뜯었다. 그는 결코 잘생겼다 할 수 없는 외모와 허술한 옷차림을 한 링컨을 향해서 공개적으로 다음과 같은 모욕적인 독설毒舌을 퍼부었다.

"여러분은 고릴라를 만나기 위해 아프리카에 갈 필요가 없습니다. 일리노이주 스프링필드에 가면 링컨이라는 고릴라를 만날 수 있습니다."

링컨은 대통령이 된 뒤에 이런 독설에 상관치 않고 그를 국방부 장관 자리에 앉혔다. 원수를 사랑하라는 성경 말씀을 실천한 것이다. 훗날 스탠튼은 암살당한 링컨의 시신을 부둥켜안고 통곡하며 부르짖었다.

"여러분, 여기 가장 위대한 한 사람이 누워 있습니다."

링컨의 일생은 원수를 친구로 만들고, 비참한 노예를 해방시켰으며, 남북을 통일한 것으로 결산되었다.

링컨은 세상 복이 없었다. 그는 10세에 천사 같은 어머니와 사별死別하고, 20세에 누이마저 잃었다. 27세에 약혼녀와 병으로 결별하였고, 42세와 53세에는 5세 된 둘째 아들 에드워드, 12세 셋째 아들 윌리엄을 잃었다. 선거에서 7번이나 낙선의 고배를 마셨고, 사업에 실패하여 빚을 갚는 데 17년이 걸렸다. 초등학교 9

개월 학력이 전부인 그는 뱃사공, 막노동꾼, 점원, 군인, 우체국장, 측량사 직업을 전전하였다. 독학으로 변호사 시험에 합격하였고, 주 의원과 하원 의원 직을 거쳐 마침내 미합중국 대통령이 되었다. 아무리 어려운 고비가 닥쳐와도, 이를 밑거름 삼아 늘 낙관적 비전으로 주어진 과업의 길을 트는 질긴 노력과 유머가 그에게는 있었다.

윈스턴 처칠 영국 수상의 유머도 유명하다. 영국 첫 여성 하원 의원 낸시 에스터가 처칠 면전에서, "당신이 내 남편이면, 커피에 벌써 독을 탔을 것이다."라고 했다. 처칠은 "내가 당신 남편이라면, 그 커피를 마시겠다."고 응수했다. 노동당 여성 하원 의원 베시 브레독이 "당신은 술에 취했고, 그것도 역겹도록 취했다."고 공격하자 처칠은 되받았다. "당신은 못생겼고, 그것도 역겹도록 못생겼다. 나는 내일 술이 깰 텐데, 그때도 당신은 역겹도록 못생겼을 것이다." 할 말이 더 있었겠는가.

유머는 마음의 여유가 있는 사람에게 주어지는 축복 어린 선물이다. 유머는 감성을 자극하는 데서 그치는 듯하지만, 그것은 이성적 사고의 나무에 열린 향기로운 꽃이요, 열매다.

우리 민족은 본디 노래하고 춤추기를 좋아한 낙천적인 사람들이었다. 몹시 속이 상한 일도 원색적으로 사납게 표출하기보다 풍자나 해학으로 여유를 부리며 말하였다. 가령, 조선 왕조 말기의 방랑 시인으로 주유천하周遊天下한 김삿갓[金笠], 김병연金炳淵의 시편들은 그 본보기가 된다. 하나만 보자.

김삿갓이 어느 노인의 회갑연에 어울리게 되었을 때의 일이다. 자손들이 김삿갓더러 축시를 부탁했다. 김삿갓이 한시 첫 구를 읊었다. "저기 앉은 노인은 사람 같지 않으니" 했다. 자식들과 친지들이 웅성거렸다. "사람 같지 않다니, 저자가 누구를 농락할 셈인가." 하며 난리가 났다. 김삿갓은 짐짓 태연한 기색으로 둘째 구를 내 놓았다. "마치 하늘에서 내려온 신선이로고." 좌중이 경탄하였다. "저기 앉은 일곱 아들은 다 도적이로고." 셋째 구에도 좌중이 분기를 띠었다. 결구에 다시 모두들 박수 갈채를 보내었다. "하늘복숭아를 따다가 잔칫상에 올렸도다." 흐뭇한 회갑연이 되었다.

시인이 아닌 우리도 우리 나름의 유머가 있다. '눈물 어린 유머'도 있다.

낙천적인 우리 민족이 어쩌다가 요즈음처럼 표독한 사람들이 되었을까? 벌처럼 쏘아대는 독설에 빈정거림, 모욕 주기, 저주하기에 길들여진 양 사람들이 사나워졌다. 특히 정치인들과 그 댓글 부대들의 모국어는 살벌하고 섬뜩하다. 사람의 언어 같지 않다.

우리 민족은 1천 번의 전란을 겪고, 외국 침략을 280회나 받았다. 국방부 전사편찬위원회가 엮은 《대외항쟁사》에 기록된 통계다. 우리 모국어는 전란을 겪은 후에 조금씩 거칠어져 왔을 것이다. 임진왜란 이후에 된소리와 거센소리가 생겨난 것이 그 증거다. 우리 민족의 현대사에도 환란이 많았다. 6·25 전쟁과 몇 차례의 정변, 민주화 투쟁기를 거치면서 우리는 독해졌다. 짧은 기간에 압축 성장하는 과정에서 부조리와 불평등 현상이 생겼고, 이에 대한 불만이 악독한 모국어를 생성시킨 것이다. 내가 대학에 입학하던 1960년대만 해도 서울 사람들의 심한 욕설이 '염병할' 정도였는데, 이제는 초등학교 아이들부터 쌍시옷을 입에 달고 산다. 유머가 가물었다.

정치인들은 우리 국민의 표상이다. 표독한 우리 속에서 가장 표독한 사람들이 뽑혔다면 과한 표현일까? 우리가 유머를 찾을 길은 마음의 여유에 있다. 학교와 사회에 '유머 교실'이라도 열어야 하는 것인가?

우리는 선진국 국민이다. 아직도 링컨과 처칠의 유머 이야기를 하고 있는 것이 구차하다. 유머가 있는 정치인. 그런 사람이 배출되는 텃밭은 마음에 여유가 있는 사람들이 사는 사회 자체다.

유머는 여유 있는 마음가짐에서 나온다. 적국 일본의 정치 유머가 그런 예다. 외눈뿐인 일본 외상 이누가이를 한 국회 의원이 힐난했다. "여보시오, 한쪽 눈밖에 없는 당신이 무슨 국제 정세를 논한단 말이오?", "의원께서는 일목요연하다는 말도 모르시오?" 빈정거리는 물음에 대하여 여유 있는 마음이 판정승한 대목이 아닌가. 양손에 모자를 들고 구걸하는 거지에게 행인이 힐난했다. "왜 모자를 두 개나 들고 있는 거요?", "요즘 수입이 늘어서 체인점을 하나 더 내었습니다." 식당에서 밥에 돌이 거듭 씹히자 손님들이 시중드는 아가씨를 몹시 질책했다. 한 손님은 달랐다. "그래도 돌보다 쌀이 더 많은걸요." 했다(김진배의 유머).

마음에 여유가 있는 정치인, 그는 유머의 힘을 아는 사람이다.

이 땅의 페스탈로찌들

1982년 11월 30일은 내게 잊을 수 없는 날이다. 이 땅의 훌륭한 스승 백일곱 분의 교육 수기집《길을 밝히는 사람들》을 펴낸 기념일이기 때문이다. 이 책은 1960년대 초반 나의 대학 시절부터 기획된 것이라 할 수 있다. 대학 시절부터 나는 세상에서 내가 감당해야 할 가장 소중한 일이 사람 기르는 교육이라고 생각했다. 농사일을 하는 사람이 양식 거리를 기르듯이, 교육자는 사람을 바르게 기르는 데 신명을 바침으로써 큰 보람을 수확하는 사람이라는 것이 내 마음을 고동치게 하였다.

일가 친척과 고향 사람 들은 내게 많이 실망했다. 서울 시청 말단 공무원인 한 동창생은 하필이면 왜 '선생질'을 하느냐고 나를 모욕했다. "공부 잘한다고 고을을 울리던 사람이 기껏 한다는 것이 선생질이냐?"고들 손가락질을 했다. 그들은 권력도 돈도 손에 쥐기 틀린 교육자의 길이 참으로 하찮아 보였던 것이다.

그럼에도 나는 이 길이 옳다는 생각에는 지금도 변함이 없다. 이 길을 격려하여 주신 데는 선친이 맨 앞자리에 계시고, 나를 사범 대학으로 이끄신 스승님은 진주고등학교 시절의 정봉윤 교장 선생이시다.

사범 대학생이었던 나는 방학마다 틈을 내어 이 땅의 거룩하신 선생님들을 수소문하고 다녔다. 대학을 졸업한 나는 고등학교에서 제자들을 기르기에 분골쇄신하였고, 성심 학원 수녀님들의 권유와 학비 지원으로 대학원을 마치자마자 성심여자대학교 교수가 되었다. 대학에서 제자들에게 학문을 전수하며 연구에 매진하면서도, 초·중등 교육에 대한 관심을 떨칠 수가 없었다.

나는 오래도록 잊지 못하고 있었던 이 땅의 '페스탈로찌' 삼백세 분께 간곡한 서신을 띄웠다. 간략한 교육 수기를 써 주십사는 것이었다. 다수의 선생님들이 손사래를 치셨다. 자기 공적을 어찌 자화자찬하겠느냐는 말씀들이었다. 무너져 가는 교육 현장을 이대로 두겠느냐고, 나는 몇 번이고 설득하는 글월을 보내었다. 마침내 백일곱 분이 글을 보내셨고, 이를 여섯 갈래로 묶어 책을 엮었다. '땀으로 흐르는 강물', '아름다운 이 숨결을', '천사여, 생명의 신비여', '어둠을 몰아낸 아침', '한 줄기 푸른 길', '초원 봉사회' 등의 소제목들은 그 상징적 표상들이었다.

자기 헌신과 사랑 교육 실천의 이 놀라운 주인공들은 '한강의 기적'을 가능케 한 소리 없는 봉사자요 농어촌 개발의 선도자였다. 그 현저한 예가 박대현·안선자 부부 교사의 경우다. 도회에서 근무하던 두 선생님은 노모와 어린 자식과 함께 남해 바다 섬 학교로 갔다. 그곳에는 울퉁불퉁 황무한 마을 길, 정원수 한 그루 없이 허물어질 듯 서 있는 손바닥만 한 학교가 있을 뿐이었다.

빗물을 받아 식수로 써야 하는 열악한 환경에 처한 가난한 학부모들은 자녀들을 육지의 도회 학교에 진학시키는 것이 소망이었다. 전교생 52명 중에서 25명이 글을 읽지 못하는 교육 현실을 타개하기 위하여, 두 선생님은 팔을 걷고 분연히 일어섰다. 선생님 자비로 학용품을 나누어 주고, 매일 방과 후에 특별 지도를 하여 기본 학력을 갖추게 했다. 학생별 능력에 맞는 학습 카드를 만들어 복식 수업을 하고, 진학을 포기한 학생들에게는 주산을 가르쳤다. '사랑의 종'을 울려서 매일 저녁 7시 30분부터 가정 학습에 임하도록 했고, 두 선생님은 15가정씩 나누어 확인 지도에 힘썼다. 그 결과, 이듬해에 9명이 육지의 도회 중학교에 진학하는 쾌거를 이루었다. 이에 따라, 냉담하고 배타적이었던 학부모들과 두 선생님은 서로 흉금을 터 놓는 '신뢰와 사랑의 공동체'를 이루었다.

두 선생님은 어린이 합창단, 어머니 합창단을 만들어 조용한 섬 고장을 노래의 메아리로 채웠다. 교정을 푸나무와 꽃으로 장식하여 군내 환경 심사 최우수 학교가 되게 하였다. 이런 소식이 알려지자, 각지에서 후원금이 답지했다. 이 후원금으로 학교 지붕에 물탱크를 만들고 빗물을 받아, 학생들과 주민들이 목욕을 할 수 있게 했다. 유자나무 500본을 구입하여 주민들이 기르게 하고, 어머니회를 조직하여 생활 용품 제작 기술을 습득하도록 이끌었다.

그러던 중에 학부모들 모두가 감동하는 한 '사건'이 있었다. 박대현 선생님은 고향에 있는 재산을 정리한 돈으로 15톤짜리 중고 어선을 샀다. 어선 이름을 '문화호'라 하고, 선장과 선원 7인을 학부형들로 구성하였다. 어로 작업으로 얻은 수익금 일부는 학생 장학금으로 썼으며, 응급 환자를 육지 병원으로 이송하는 교통 수단으로 이 배를 이용하였다.

1974년 4월 27일은 이 두 선생님에게는 기념비적인 사건으로 기록된 날이다. 두 분의 헌신에 감동한 박정희 대통령이 5백만 원을 지원했고, 이 돈으로 육지에 진학한 학생들 기숙사격인 '충무(통영)시 저도 학생 학숙소'를 지어 학부모들의 하숙비 부담을 획기적으로 덜어 주었다.

두 부부 교사는 저도 분교에서 6년을 봉사한 후에도 육지로 가지 않고 오곡도 동화 분교로 옮겨 갔다. 두 선생님은 '섬 어린이들에게는 배움을, 섬 고장에는 복지를, 주민들에게는 삶의 의욕을 심어 줌으로써 낙후된 이 나라 섬마을 교육의 표징'이 되었다.

스승이여!
저로 하여금 교사의 길을 가게 하여 주심에 감사하옵니다.

저에게, 이 세상에 하고 많은 일 가운데 교사의 임무를 택하게 한 지혜를 주심에 대하여 감사하옵니다.

스승이여!

저는 이 일이 저에게 찬란한 영예나 높은 권좌나 뭇 사람의 찬사나 물질적 풍요를 가져 오지 않을 것을 잘 알고 있사옵니다.

저에게 힘과 용기를 주시어, 이 십자가를 능히 질 수 있게 하여 주시고, 저를 도우시어 긍지를 느낄 수 있는 스승이 되게 하여 주시옵소서.

박대현 선생님의 간절한 기도다.

이 밖에 감동적인 교육 체험담들이 실린 책이 《길을 밝히는 사람들》이나, 지면 관계로 그 일단을 소개할 뿐이다.

이 책의 초판은 아내의 곗돈으로 내었고, 재판 4천 부는 도서 출판 한샘의 거인 서한샘 대표(국회 의원)가 출간하여 널리 기증하였다.

또 서울대 사대 1년 후배인 유안진 서울대학교 교수가 헨리 반다이크의 교사 예찬 〈민주적 귀족〉을 보내어 격려하였다.

교직이야말로 최소의 봉급과 최고의 보상을 동시에 베푸는 직업이다. 그러므로 교직을 진정으로 사랑하지 않는 이는 교직에 들어서지 말라. 많은 사람들에게 그것은 아무런 부귀도 공명도 약속하지 않는다. 그러나 그 자체로서 교직을 귀하게 여기는 사람들은 가장 고귀한 영혼의 소유자들이다. 나는 이름 없는 교사를 위하여 찬가를 부른다.

고명한 교육학자들은 새로운 교육학 체계를 만들어 낸다. 그러나 젊은이를 구원의 길로 이끄는 일은 이 이름 없는 교사가 한다. 그는 세상의 그늘진 곳에 살며 고난과 싸운다. 그에게는 울리는 진군의 나팔도 기다리는 전차戰車도, 수여될 황금의 훈장도 없다. 그는 암흑의 경계에서 초소를 지키며, 무지와 몽매의 참호를 공격하는 선봉이 된다. 그는 자기의 직무에 끈기를 가지고, 게으른 이에게 박차를 가하며, 열성 있는 이를 격려하며, 흔들리는 이를 붙잡아 준다. 그는 학문의 즐거움과 통하며, 자기 영혼의 가장 귀한 보배를 소년, 소녀 들에게 나누어 준다. 그는 수많은 촛불을 켜고, 훗날 그 촛불이 다시 빛나서 그의 마음을 밝혀 주기를 기다린다. 이것이 교사가 받는 단 하나의 보상이다.

지식은 책에서 얻을 수 있다. 그러나 지식에 대한 사랑은 오직 인간적인 접촉에 의해서만 전달된다. 무명의 교사를 두고 그 누가 감히 공화국에 들어갈 수 있을까. 이름 없는 교사를 두고 누가 민주적 귀족 사회의 시민이 될 수 있을 것인가. 그는 자신의 왕이며, 인류의 노예이다.

이로써 고향 친지와 학교 동창들이 내가 왜 굳이 교육자·학자의 길을 걸었는지, 이제는 이해하리라 믿는다. 한때 '청운의 뜻'을 함께 꽃피웠던 서울대학교 법과대학 동문들과, 특별한 사랑을 주셨던 형사법학 교수 유기천 은사님께 늦은 인사를 올린다. 법학계와 법원·검찰청이 아닌 곳에서 내가 할 일이 있었음을 이해하고 성원을 보내어 주실 것이라 믿는다.

교육자는 외롭다. 하지만 그의 영혼은 외롭지 않다.

윤석열 정부가 밝힌 국정 방향은 옳다. 다만, 교육·문화 문제를 국정의 종속 변수로 보는 듯하여 걱정이다. 고등 교육 기관(대학)의 연구 역량과 창조성을 극대화하는 일은 시급하다. 이를 위하여 유·초·중등 학교의 국민 기초 보통 교육을 혁신하는 일이 선행되어야 한다. 교사 양성 교육이 중요하다. 무명의 위대한 교사 한 사람이 학생 한 사람과 한 나라 내지 인류의 미래사에 끼치는 영향력은 막대하다.

문재인 정부가 우리 역사에 끼친 해악은 헤아리기 어려울 만큼 많다. 잘한 일이라고는 개고기 식용을 반대한 것밖에 생각나지 않는다는 사람이 있을 정도다. 그가 특히 아무나 교육 부총리로 앉혀 이 나라 교육자와 학자 들을 모욕한 죄는 씻기 어려울 것이다.

교육과 학문의 길. 회한이 없는 것은 아니다. 그럼에도 나를 교육과 학문의 길로 이끄신 여러 은사님들과 전국의 교육자들께 이 작은 글을 바친다.

덧붙인다. 내 뜻을 따라 일생을 고등학교에서 평교사로 헌신했으며, 《길을 밝히는 사람들》 편집을 도맡았던 아우 김봉천 선생의 공적을 작게 기록으로 남긴다.

위인

뛰어나게 훌륭한 사람을 위인이라 한다. 조선 왕조 이래 우리나라에는 위인이 심히 가물었다. 조선 왕조의 기틀을 잡은 정도전은 이성계의 아들 이방원의 손에 참살되어 시신의 행방조차 가뭇없이 되었다. 그는 민본적인 신권 정치의 꿈을 실현하려 한 선구자였다. 15세기 세종 대왕 때에 15개의 발명품으로 조선을 세계 으뜸 자리에 올려 놓는 데에 제일 큰 공을 세운 장영실도 모진 태형을 받고 조정에서 쫓겨난 뒤에 역사의 뒤안길로 사라졌다. 조카의 왕위를 빼앗은 수양 대군에 맞섰다가 성삼문을 비롯한 당대 최고의 인재들이 죽임을 당하거나, 김시습 같은 천재들은 산야를 떠돌았다.

연산군대에서 시작되어 중종, 명종대에 이르기까지 거듭된 네 번의 사화로 수많은 천하 인재들이 죽임을 당하거나 초야에 묻혔다. 붕당의 폐해는 또 어떤가. 선조 때 서인의 거두였던 정철이 해친 동인 쪽 엘리트 인재들이 1천 명을 헤아릴 정도였으니, 당파 싸움으로 희생된 인재는 그 얼마였던가.

지금도 우리는 인재를 아낄 줄 모른다. 7할이 훌륭한데 3할 잘못한 일이 있는 사람을, 그 3할로 7할을 짓뭉개어 천하의 몹쓸 사람으로 추락시킨다. 정감에 쏠리고 논리에 취약한 우리의 부끄러운 자화상이다. 부분으로써 전체를 판단하는 것은 논리학상으로 보면 '일반화의 오류'에 해당된다.

사람은 신이 아니다. 이 세상에 완전무결한 사람은 없을 것이다. 성자로 일컬음받는 사람에게도 흠이 있다. 영국의 식민지화에 무저항 운동으로 맞섰던 인도 사람 간디에게도 허물이 있었다. 젊은 시절 간디는 한 여인과 정욕에 빠져 할머니의 임종 소식을 듣고도 가지 않았다. 패륜이다. 그런 그를, 인도 사람들은 '위대한 영혼'이라는 수식어를 붙여 '마하트마 간디'라 부른다. 미국 국부로 불리는 초대 대통령 조지 워싱턴은 한때 '사기꾼'으로 불린 사람이다. 그가 수도를 워싱턴으로 정한 것은 그의 아내가 사둔 땅이 그곳에 있었기 때문이라 한다. 그럼에도 미국인들은 그를 사기꾼이나 땅 투기꾼으로 부르는 대신 미국 독립 전쟁을 승리로 이끈 위대한 대통령으로 존경하며 기린다. 제2차 세계 대전을 승리로 이끈 영국 수상 처칠은 이름난 술꾼이었다. 중국 사람들의 마오쩌둥에 대한 대접이야말로 놀랍다. 중국 공산당의 선도자인 마오쩌둥은 중국 국민 7천만 명을 죽게 한 사람이다. 그 중 5천만 명을 굶겨 죽였다. 참새 떼가 곡식에 해를 입히자, 전 국민 참새 잡기 명령을 내렸다. 그 결과 참새가 절멸한 논밭에 벌레가 창궐하여 농사가 황폐해졌다. 5천만 명이 굶어 죽을 수밖에 없었다. 마오쩌둥 말년에는 그의 아내 쟝칭이 애송이 홍위병들을 내세워 지식인들을 참살했다. 그때에 중요한 중국 지식인들이 수없이 죽었고, 홍위병들의 강간으로 태어난 사생아가 1백만 명이 넘었다. 그런 마오쩌둥을 중국인들은 존경한다. 공7 과3이라는 것이다. 공적이 7할이요 과오가 3할이라는 뜻이다. 마오쩌둥의 숙청 서슬에 하방下放되어 갖은 고초를 겪고 살아남은 덩샤오핑의 평가다. 놀라운 관용寬容이다.

우리는 인재를 귀히 여길 줄 모른다. 20세기 우리나라의 위인은 누구인가? 안창호·김구 선생과 안중근·윤봉길·유관순 등을 제외한 나머지 인사들은 거의 다 넝마가 되었다. 준비론의 주창자요 실천가였던 안창호 선생마저 투쟁 노선에 나서지 않은 점진론자라고 비난하는 사람들도 있다. 심지어 유관순 열사의 순국마저 조작된 일이라고 비난하는 이들도 있다.

훌륭한 인재나 위인의 허물만을 침소봉대하여, 그를 넝마나 걸레로 만들고 난도질한다. 한 번 넝마나 걸레가 되면, 아무리 빨아도 행주가 되지 않는다.

역사적 위인은 허물보다 그의 큰 공적을 높이 현창하여 기리는 민족이나 국민은 복되다. 사람 헐뜯기를 일삼는 자기 모멸의 역사관, 자학 사관自虐史觀은 아무에게도 도움이 안 된다.

인재를 아끼고 키우는 나라, 그런 국민의 심성이 가슴에 사무치게 그리운 나날들이다.

제5장

선한 이가 당하는
고통에 대한 묵상

선한 이가 당하는 고통에 대한 묵상

우리 개인의 인생사나 역사에는 이해하기 어려운 일이 많다. 그 중에도 선한 이가 고난을 당하고, 악한 자가 융성을 누리는 경우야말로 사람을 난감하게 만든다. 동아시아 고전에 적선하는 집안에는 반드시 경사가 있다고 씌어 있으나, 그렇지 않은 경우가 더 많아 보인다. 고진감래, 흥진비래라는 말도 있다. 고생이 다하면 즐거운 일이 생기며, 흥겨움이 다하면 슬픔이 온다는 뜻이다. 이런 말은 윤리적 이상태를 말한 것일 뿐 실제와는 거리가 있다.

조선 왕조 단종 복위 운동의 실패로 성삼문 등 일곱 신하(소위 사육신과 김문기)는 세종의 당부를 잊지 않고 단종을 섬기다가 세조에게 처참히 찢겨 죽었고, 이를 배반한 신숙주는 조카의 왕위를 찬탈한 세조 밑에서 영의정까지 지내며 부귀영화를 누렸다. 인물사관으로 보면 죽임당한 일곱 신하는 천추에 빛날 별이고, 사실사관史實史觀, 곧 진보주의 사관으로 헤아리면 신숙주의 행위에 무게가 실린다. 그럼에도 윤리는 준열하다. 누가 뭐래도 신숙주는 변절자다. 상대주의적 윤리관으로 신숙주를 두둔하려 해도 결과는 달라지지 않는다.

우리는 어처구니없는 불행을 당할 때 하늘도 무심하다고 한다. 제2차 세계 대전 때의 홀로코스트는 어찌 설명해야 옳은가? 6백만 명이 넘는 유태인이 집단 학살을 당할 때 하늘은, 신은 어째서 침묵하였는가? 유태인의 거듭된 불복종에 대한 신의 징벌이라 하기에는 지나치게 참혹했다.

20세기에 들어 이 같은 신의 침묵 문제를 집요하게 파고든 문학가가 프랑스 소설가 카뮈와 사르트르다. 알베르 카뮈는 〈페스트〉에서 이 문제를 정면으로 다루었다. 14세기 유럽 인구 3분의 1의 목숨을 앗아간 페스트의 창궐을 신은 왜 방치하는가, 그는 치열하게 따졌다. 페스트 앞에서 공포에 질린 인간을 구원할 사람은 의사 류이지 가톨릭 신부가 아니라고 그는 항변하였다.

또 한 사람 무신론적 실존주의자 장 폴 사르트르는 그의 저서 《존재와 무》에다 "존재는 본질에 앞선다."고 썼다. 존재에 인간 개체를, 본질에 신을 대입하면 그의 무신론이 확인된다. 그는 존재의 부조리에 항변하며 신의 손길을 벗어나 '자유의 길'을 찾아 나섰다. 극단적 주관주의 사상인 실존주의에 심취해 있던 그는 만년에 극단적 객관주의인 공산주의자, 히틀러 찬양자가 되었다 숨져, 파리 몽파르나스 묘지에 잠들어 있다. 일본 작가 엔도 슈사쿠遠藤周作의 〈침묵〉도 신의 침묵 문제를 치열하게 물은 작품이다.

신·구약 성서 인물 가운데 이런 의문을 풀어 줄 인물이 아브라함, 욥, 예수다. 이들은 신에 시험당한 대표적 인물이다.

아브라함은 유일신의 말씀에 따라 100세에 아들 이삭을 낳았다. 신의 명령에 따라 정든 고향을 떠나 낯선 곳으로 이주했다. 또 신의 명령에 따라 외아들 이삭을 죽여 제물을 삼으려 했다. 그는 사람의 머리로는 이해할 수 없는 신의 명령에도 무조건 순종했다. 신앙의 조상다웠다.

욥은 큰 부자였다. 요새 기준으로 재벌이었던 셈이다. 신은 충직한 종 욥의 신앙 수준이 어느 정도인가를 놓고 사탄과 내기를 하였다. 신은 욥의 아들 10명을 모두 죽게 하였다. 그는 재산을 모두 잃고 거지가 되있다. 실상가상으로 온 몸에 종기까지 돋는 극한 상황으로 내몰렸다. 구약 성서《욥기》는 누더기를 걸친 욥이 돌조각으로 부스럼을 긁고 있는 장면을 보여준다. 욥은 단 한 번 한탄하나, 끝까지 신앙을 지킨다. 불사조 같은 신앙의 화신이 욥이다.

예수는 어떤가. 그는 40일 동안 광야의 시련 속에서 사탄의 시험을 물리친다. 유대교 근본주의자인 대제사장과 바리새인, 거의 전 유태인들의 규탄을 받아 십자가를 지고 골고다 언덕을 올랐다. 그 십자가에 손과 발을 못 박히고 옆구리를 창에 찔려 죽었다. 그는 죽기 전에 함께 매달린 두 사람 중 한 사람의 신앙을 보고 구원되리라 말하였다. 어머니 마리아를 제자더러 모시라고 당부했다. "엘리 엘리 라마 사박다니.", "나의 하나님, 나의 하나님, 어찌하여 나를 버리셨나이까.", "다 이루었다." 말하고 숨을 거두었다. 실망한 제자들은 도망 가서 다락방에 숨었다. 끝까지 그를 따라간 제자는 요한뿐이었다. 예수는 위선자들을 꾸짖었다. 서로 사랑하라고 가르쳤다. 그런 그가 무엇을 잘못하였기에 그런 처참한 형벌을 받았는가.

성서는 이들 세 사람이 끝내 비극의 주인공이 되게 방치하지 않는다.

아브라함이 장작 더미를 쌓아 놓고 아들 이삭을 제물로 바치려는 그 순간 신은 이를 중단시킨다. 신은 마침내 욥의 재산을 전보다 더 많이 불려 주고, 새로이 자식을 낳아 만년의 복락을 누리게 한다. 예수는 부활하여 야훼 하나님을 땅 끝까지 알리라고 제자들에게 당부하고 승천한다.

문학가들 중에는 《욥기》의 끝자락을 성서 편찬자가 인위적으로 덧붙인 것으로 보는 이도 있다. 처절하게 망해버린 욥이 돌조각으로 부스럼을 긁고 있는 비극적 상황으로 끝내고, 나머지는 여백으로 남겨 두었어야 마땅하다는 것이다. 그럴 때 극적 효과는 훨씬 높을 것이다. 그럼에도 신은 끝까지 믿음을 버리지 않는 눈물겨운 신앙의 자식, 선한 자를 파멸의 고통 속에 방치하지 않았다.

신실한 믿음은 대가를 셈하지 않는다. 참으로 선한 사람은 비참한 처지에서도 신앙의 진리를 저버리지 않는 절대 신앙의 체현자다. 세상에서 선한 행위를 하면 세상 복을 주고, 악한 행위를 할 때에는 즉각 망하게 하는 신이 있다면, 이 세상은 온통 거짓 신자와 위선자로 넘쳐 날 것이다. 선을 행하며 살았음에도 망한 사람이 있다. '그럼에도 불구하고' 절대 진리를 끝까지 사랑하는 사람이 진실로 선한 사람이다.

하지만 마음이 약한 자, 우리 인간이다.

우리 정신사와 참회록

우리 정신사에는 참회록이 가물었다. 불교와 기독교는 참회의 종교이고, 두 종교의 신자들이 우리 인구의 4할이나 되는데, 제대로 된 참회록을 남긴 사람이 없다. 고려 초에 균여 대사가 쓴 〈참회업장가〉와 20세기 전반기 윤동주의 시 〈참회록〉이 우리나라 참회록의 부끄러운 편린이다.

사회적으로 명망 있는 인사들은 자서전을 남긴다. 적지 않은 자서전이 대체로 자기의 재능과 업적 자랑에 머물러 있다. 자기의 과오나 죄에 대하여 참회하는 일이 드물다. 예외가 있다. 법학 교수였던 이항녕 박사는 일제 강점기에 고등문관시험(지금의 5급 시험)에 합격하여 군수를 지낸 것을 국민들 앞에 사죄하는 글을 거듭 쓴 일이 있다. 일제 치하에서 소학교 교원이었던 김남식 선생은 그 일을 반성하느라 평생을 길거리에 나가 휴지 줍기를 하다가 세상을 떴다. 서울 영락교회를 창립한 한경직 목사는 젊은 시절에 신사 참배한 것을 강단에서 회개했다. 한 목사는 기독교의 노벨상이라는 템플턴상을 받은 기독교계의 성자聖者다웠다. 과문하여, 이 세 분 외에 자기 잘못을 진심으로 회개하고 용서를 비는 본격적인 참회록은 본 적도 들은 적도 없다.

우리는 종종 동양 정신의 위대성을 내세우나, 참회하는 정신사 쪽에서는 서양을 당하지 못한다. 기독교 의식을 텃밭으로 하는 서양 정신사에는 위대한 참회록들이 있다. 성 아우구스티누스(어거스틴), 룻소, 톨스토이의 참회록(고백록)이 이를 대표한다.

아우구스티누스의 《참회록》은 세계 참회록의 전범典範이다. 그는 당시 가톨릭 제도의 경직성과 모순에 반발해서 마니교에 빠졌다. 마니교는 아랍인 마니(215~275)가 세운 것으로, 세계를 빛과 어둠이 투쟁하는 곳으로 보았다. 아우구스티누스는 16세부터 15년 긴 비천한 여인과 동기하며 어머니 모니카를 애끊게 하였다.

그는 어머니 모니카의 간곡한 기도의 힘으로 크게 회심하여 가톨릭 성직자가 되었다. 히포의 주교로서 성직의 귀감을 보여 마침내 성 아우구스티누스로 추존받을 수 있었다. 로마 식민지였던 북아프리카 타가스테(지금의 알제리 땅)에서 태어난 아우구스티누스(354~430)는 신학, 문학, 철학 영역을 두루 섭렵한 대인문학자이기도 했다. 그는 젊어서 범한 정욕의 죄를 참회하며, 학문과 교육을 하는 사람의 교만에 대하여 통렬한 반성과 경고를 보낸다.

육신 나이 열여섯에 나는 즐거운 당신 집을 떠나 어디에 갔던 것입니까. 얼마나 먼 곳에서 방황했던 것입니까. 그때에는 오염

된 인간의 풍습에 따라 방치되었지만, 당신의 법도로는 허용되지 않는 광포한 정욕이 온갖 권능을 휘둘러서, 나는 거기에 속절없이 굴복하고 말았습니다.

아우구스티누스는 젊은 시절의 방탕을 이같이 치열하게 참회하였다. 기독교는 참회(회개)하는 자를 용서한다. 집을 나가서 자기 지분을 탕진하고 돌아온 아들을 용서하는 아버지, 간음한 여인을 용서하고 다시는 죄짓지 말라고 하신 예수 그리스도. 신약 성서는 온통 죄지음, 회개, 용서, 사랑의 기록이라 해도 과언이 아니다.

지성인들이 특히 주목해야 할 대목은 아우구스티누스가 참회한 지적 교만의 문제다.

나는 벌을 충분히 받았음에도 불구하고 어느새 지혜로운 것처럼 행세하기 시작했으니, 나의 무지를 슬퍼하기는커녕 내 지식을 뽐내고 있었습니다. 그러하니, 겸손의 바탕 위에 세워질 사랑이 과연 내게 있었겠습니까.

자기의 무지를 알지 못한 지적 교만의 죄를 통회한다. 그는 이탈리아 밀라노에서 수사학을 가르치던 시절에 학생들을 진실된 인재로 성장시키려는 교육적 소명보다 다른 사람을 이길 수 있는 말재주를 파는 '지식 장사'에 열정을 쏟았다고 참회한다. 마침내 그는 "학생들을 속이지는 않았다 해도, 그들에게 속임수를 가르쳤다."고 고백한다. 그는 당시의 지식인들이 진리를 입버릇처럼 외쳐댈 뿐, 전혀 진리가 깃들여 있지 않았던 교만한 미치광이들이요 거짓말쟁이들이었음을 폭로한다.

새로 유행하는 철학과 헛된 속임수에 현혹되어 경박한 사상에 빠져들어 가는 학자들, 칭찬받음으로써 기쁨을 키우며 이름을 날리고 싶어 하는 자기 과시욕과 명예욕에 사로잡힌 지식인들의 학문은 진리의 길을 잃고 혼돈의 바다에서 표류하고 있었음을, 그는 통렬히 고백·질책한다. 아우구스티누스는 세속적 명성에 연연하여 영원한 진리에 이르는 길을 놓치는 학자들, 아니 '지식 장사꾼'을 고발히며 스스로도 참회한다.

> 내 영혼의 집은 당신이 들어오시기에 너무나 좁습니다. 넓혀 주십시오. 고쳐 주십시오.

아우구스티누스의 종국적 고백과 간구懇求는 이처럼 간곡하다. 종교 인구가 4할이나 되는 우리가 참회할 줄 아는 민족으로 거듭날 때는 언제일까. 우리나라, 난세다. 저주하고 증오하고 고발하는 우리 민족. 모두가 '네 탓'이다. 한때 그리스도교 신자들이 자동차 뒷 유리에 '내 탓이오'를 써 붙이고 다닐 때, 바른 말씀 잘 하시는 김동길 교수가 일갈一喝했다. "내 탓이면, 자기 앞 유리에 붙이고 다녀야지, 그게 무엡니까." 했다. 두고두고 마음밭에 새겨

둘 말씀이다.

회개나 참회는 동의어이나, 참회가 더 간절하게 다가온다.

도스토옙스키의 〈죄와 벌〉

한때 러시아 복권에는 도스토옙스키의 사진이 인쇄되어 있었다. 도스토옙스키는 노름꾼이었기 때문이다. 그는 공상적 사회주의자 M.V. 페트라셉스키의 반역 사건에 연루되어 사형 선고를 받았다. 총살 직전에 황제의 특사로 감형되어 시베리아 유형에 처해져 옴스크 감옥에서 4년을 지냈다. 그가 〈죄와 벌〉을 집필하게 된 것은 궁핍한 결혼 생활을 하며 빚에 쪼들리던 시절이었다. 그의 역작 〈죄와 벌〉, 〈카라마조프네 형제들〉, 〈백치〉, 〈악령〉 등은 극적 반전과 역설적 창조로 요약되는 인생 역정과 깊이 관련된다. 그의 작품을 독파하는 일은 만만치 않은 '영적 노동'이다. 마음을 단단히 다잡지 않고는 이들 작품이 좀체로 미소를 띠고 다가오지 않는다. 도스토옙스키의 작품같이 명실상부한 역작을 읽으려는 사람은 "예술은 우리로 하여금 아프게 생각하도록 하는 그 무엇이다."고 한 올드리치의 예술 철학적 발언을 먼저 마음에 새길 필요가 있다.

〈죄와 벌〉은 도스토옙스키가 44세 되던 해인 1865년 잡지에 연재하기 시작하여 이듬해 12월에 끝낸 장편 소설이다. 이 작품에는 얽히고설킨 사건(액션)이 별로 없고, 주인공인 대학생 라스콜리니코프의 잔혹한 살인 사건이 크게 부각되어 있다. 주인공은 가난한 대학생이다. 그러나 살인 동기는 가난이 아닌 사상이다. 그는 초인주의superhumanism, 영웅주의heroism의 신봉자다. 이 세상에서 선택받은 강자는 인류의 행복을 위하여 범죄를 저지를 권리가 있다고 그는 생각한다.

주인공 라스콜리니코프는 한 인색한 전당포 노파를 도끼로 무참히 살해한다. 그는 한 군인 장교의 이론에 전적으로 공감하며 이런 참혹한 살인을 한다. '어리석고 열등하며 간악한, 바퀴벌레 같은 그 노파가 수도원에 기부하기로 한 그 돈만 있다면 빈곤, 부패, 파멸, 타락, 성병 환자 수용소 생활 같은 질곡에서 수많은 사람을 구제할 수 있지 않겠는가. 그 돈으로 전 인류 공동체에 봉사할 수가 있지 않은가.' 하는 초인주의, 영웅주의가 '하찮은 노파의 목숨'을 서슴지 않고 빼앗게 한다.

이 작품을 읽으면서 우리가 놀라게 되는 것은 그 충격적인 살인 사건보다 주인공의 심층적 고뇌다. 작품의 핵심은 가난한 대학생 라스콜리니코프가 전당포 노파를 살해하고 금품을 탈취한 '사건'이 아니다. 훔친 금품에 대한 소유욕이 아니라, 자기가 행한 살인 행위에 의미를 두고 고뇌에 몸부림치는 심리적 파란이 핵심이다. 번역본으로 계량하여 200자 원고지 3,730장 분량에 해당하는 방대한 작품이다. 이 방대한 소설 대부분이 주인공 라스콜리니코프의 심리적 방황과 고뇌의 과정을 그린 것이다.

단호하기 짝이 없었던 이지理智의 화신 라스콜리니코프의 이데올로기는 살인 행위를 정점으로 하여 서서히 하강 곡선을 그린다. 그리고 결정적인 계기를 만나 그의 이데올로기는 완벽한 패배에 직면한다. 그는 윤락녀 소냐의 발끝에 엎드려 자기의 범죄 행위를 고백한다. 이제 우리 독자는 도스토옙스키가 보여주는 가장 아름다운 장면과 조우하게 된다.

비뚤어진 촛대에 꽂힌 타다 남은 촛불은 기묘하게도 이 초라한 방에서 만나, 영원한 책을 읽은 살인자와 매춘부를 희미하게 비추면서, 아까부터 꺼질 듯이 가물거리고 있었다.

여기서 살인자는 라스콜리니코프이고, 매춘부는 소냐다. 이 두 죄인이 성서를 읽고 촛불 앞에 앉아 있다. 촛불은 어둠을 몰아내고 부정한 것을 정화하는 표상이다. 촛불은 천상과 지상 간의 사다리로서, 지상에 묶인 사람들의 뜻을 하늘에 전하는 매개체다. 그리스도교에서 촛불은 믿음의 빛과 순교 정신, 그리스도의 영원불멸하는 신성의 표상이다. 녹아 없어지는 초는 그리스도의 성체이고, 초를 태우는 광심光心은 그 혼이며, 불꽃은 신성 그 자체다. 3개의 촛불은 삼위 일체의 상징이다.

라스콜리니코프는 소냐 앞에 무릎을 꿇고 자기의 죄를 고백한다. 그는 온 몸을 굽혀 방바닥에 몸을 던지며 그녀의 발에 키스한다. 차가운 이성과 논리에 철저하였던 한 대학생이 잔혹한 살인자가 되어 세상에서 버림받은 한 윤락녀 앞에 무릎을 꿇은 것이다. 그리고 "나는 당신한테 무릎을 꿇은 것이 아니다. 온 인류의 고통 앞에 머리를 숙인 것이다."라고, 그는 절규하듯 고백한다. 그는 소냐를 '위대한 고통을 짊어진 위대한 죄인'으로 규정한다.

어째서 추악하고 천한 것과 신성한 존재가 이처럼 양립할 수 있을까? 프랑스 작가 프랑수아 모리아크가 말한 바 '성스러운 것의 내면에 잠재한 추악성과 추악한 것에 가리어 있는 성스러움'의 오묘한 진리가 감지되는 대목이다. 《요한복음》에 기록된 나사로의 죽음과 부활 대목을 읽어 주던 소냐의 진지한 모습과 감동을 안고, 라스콜리니코프는 경찰에 자수하여 8년 징역형을 감내한다.

이 작품에 등장하는 주요 인물은 각각 성격이 다른 유형의 세 사람이다. 이지理智(이성과 지혜)의 세계를 대표하는 라스콜리니코프, 정열의 세계를 대표하는 소냐의 아버지 라르멜라도프, 이지나 정열로도 설명할 수 없는 신비의 존재인 소냐가 그들이다. 라스콜리니코프의 냉철한 이성과 영웅주의·초인주의는 소냐의 신비 앞에 여지없이 무너진다. 경찰은 그의 자수를 형법의 구성 요건 해당성(법률 조항), 위법성, 책임을 묻는 형사 범죄crime의 자백으로 볼 것이다. 하지만 도스토옙스키의 주된 의도는 라스콜리니코프의 양심의 죄sin와 회개에 있다.

우리에게 건강한 삶을 살게 하는 요소는 크게 보아 둘이다. 하나는 '진지한 주제(의미)'요, 다른 하나는 '재미'다. 진지하고 심각한 주제만을 추구하고 재미가 없는 개인과 국가, 인류가 펼치는 삶의 터전은 깡마른 사막이 된다. 그렇다고 재미만을 추구하고 진지한 주제가 없는 삶은 공허하다. 또한 실용만이 최고 가치가 되고, 본질적인 고뇌가 없는 삶은 경박하다.

우리에게는 지금 주제의 회복, 본질을 알기 위한 고뇌의 시간이 필요하다. 도스토옙스키의 고뇌하는 영혼을 두고 사색하는 시간은 우리의 정신을 살찌울 것이다.

톨스토이의 〈부활〉과 영적 혁명

현대인은 놀라울 정도로 죄의식에 둔감하다. 세상에 드러나기 전까지 우리는 과거에 저지른 죄에 대하여 무심하게 지낸다. 죄를 지으면 그에 상응하는 벌을 받게 마련이라는, 죄와 벌의 등가적等價的 인과성에 대한 증거의 부재 때문이다. '벼락 맞은 사람'은 악한 사람이 아닌 선량하고 부지런한 농부였다는 경험칙이 우리를 그런 일상인으로 살게 만든다. 가령, 신약 성서《요한복음》8장에 나오는 군중들의 모습이 그 현저한 증거다. 그들은 간음한 한 여인을 붙잡아 살기등등한 기세로 예수님 앞에 끌고 왔다. "너희 중에 죄 없는 자 있으면 돌로 쳐라."신 예수님 말씀에 뜨끔한 그들은 너나없이 비실거리며 물러나고 말았다.

먼 길을 오느라 지칠대로 지친 마슬로바가 병사들의 호위를 받으며 지방 재판소 건물로 다가가고 있을 바로 그때, 그녀를 유혹하여 타락의 길로 몰아 넣은 장본인이며 그녀의 양육자의 조카인 드미트리 이바노프 네플류도프 공작은 아직도 자기 집에서, 폭신폭신한 털요가 깔린 높은 침대에 누워 네덜란드제 잠

옷 옷깃을 펼치고 담배를 뻐끔뻐끔 피우고 있었다. 그는 유명한 부호 코르차긴가의 딸과 결혼하리라는 소문이 자자했다.

이것은 톨스토이의 명작 〈부활〉의 한 장면이다.

대학생이었던 네플류도프(공작)는 고모 댁 하녀 마슬로바(카추샤)를 만나 정욕을 나누고 무심히 헤어진다. 18세의 카추샤는 그가 떠난 5개월 후에 임신한 것을 알게 된다. 낳은 아이는 죽고, 카추샤는 세상의 냉대 속에 이곳저곳으로 전전하다가 윤락녀로 전락하며, 마침내 살인죄의 누명을 쓰고 법정에 서게 된 것이다.

검사는 온갖 모욕적인 말로 카추샤를 몰아붙인다. 공범 두 사람의 변호인은 카추샤에게 모든 죄를 뒤집어씌우고, 카추샤의 변호인은 얼버무린다. 판사는 무책임하게 27세의 카추샤에게 일체의 신분권을 박탈하고 4년 징역형을 선고한다. 이 엉터리 판결에 카추샤는 처절한 목소리로 절규한다. 검사·변호인·배심원·재판장 중의 그 누구도 그녀의 절규를 경청하지 않는, 이 버림받은 한 인간의 애절한 호소를 우리 역시 외면하고 있지 않은가. 더욱이 간음죄의 공범인 한 불쌍한 여인은 피고인으로, 다른 한 사람인 네플류도프 공작은 이를 심판하는 배심원으로 만나게 되는 이 아이러니 앞에서도 우리는 무심한 사람들이 아닌가.

네플류도프로 하여금 귀족·지주·공장주·장군·재판소 전속 사제·재판관·변호사·전옥 등 위선과 탐욕의 군상인 러시아 지배층의 죄악상에 눈을 뜨게 한 것은 자기의 죄로 인하여 비참한 운명에 처한 카추샤의 상황 때문이었다.

우리가 〈부활〉을 읽으며 감동하는 것은 네플류도프가 보여 주는 바 가슴 시린 참회의 행로다. 그는 "토지는 하나님의 것이다."고 주장하며 농노들에게 땅을 나누어 준다. 또한 감옥을 순회하면서 억울한 죄수들을 위하여 백방으로 구조 활동을 펼친다. 자기 앞에 와서 진심으로 참회하는 네플류도프를 희떱게 보고 조소하던 카추샤의 마음도 변하기 시작한다. 인간은 한때 치명적인 죄악에 빠질 수 있으나, 회개함으로써 선하고 인자하며 자기 희생적인 삶을 살아 갈 수 있다는 것을, 카추샤는 네플류도프라는 한 귀족의 실천적 면모를 통하여 체득하게 된 것이다. 네플류도프는 카추샤의 감옥행에 동행하며 참회의 행로를 걷는다.

톨스토이의 〈부활〉은 불멸의 대작이다. 이것은 신분 높은 한 귀족 청년과 하층민인 한 하녀 사이의 잘못된 정욕 이야기임에 그치지 않는다. 여기에는 지배하는 사람과 지배받는 사람, 인간의 본성과 제도, 운명과 섭리, 유전과 환경 결정론, 혁명의 원인으로서의 모순된 현실과 인간의 위선, 법과 제도의 한계, 창조론과 진화론 등 삶과 역사의 현실과 그 본질에 대한 인문학적·자연과학적·신앙적 물음으로서의 거대 담론들이 소용돌이치고 있다.

이 작품을 '러시아 혁명의 거울'로 규정했던 레닌이 의지한 것이 증오와 저주의 담론에 따른 폭력 혁명의 사회주의 리얼리즘이었음에 반하여, 톨스토이가 기댄 것은 '영적 혁명'의 추동력이 되는 사랑과 부활의 '말씀'이었다. 인도주의적 리얼리즘인 것이다.

죄의식에 둔감한 현생 인류는 시공간을 초월하여 들려오는 톨스토이의 목소리를 듣고 있는가.

죽음에 대한 묵상

　인간은 생각하는 갈대라 했다. 프랑스의 개신교 철학자요 에세이스트인 파스칼이 그의 수상록 《팡세》에다 썼다. "나는 생각한다. 그런고로 존재한다 Cogito, ergo sum."는 '방법론적 회의론'의 철학자 데카르트의 명제다. 인간이란 존재를 말살하기 위하여 총이나 폭탄까지 필요하지 않다. 사람이라는 개체를 죽이는 데는 시안화칼륨(청산가리) 0.15g밖에 들지 않는다. 이같이 유약한 인간이 위대해질 수 있는 것은 생각할 수 있는 존재이기 때문이다.

　생각할 힘이 있는 인간 실존도 죽음 앞에서는 무력하다. 그럼에도 인간 실존의 위대성은 자기가 죽을 존재라는 것을 알기에 비참하지 않다. 파스칼의 위로다. 인생의 결말은 죽음이다. 그걸 알기에 지레 죽는 사람들이 있다. 곡기를 끊고 죽은 사람으로 데모낙스와 스콧 니어링이 있다. 그리스 철학자 데모낙스는 107세, 미국의 사회 운동가 스콧 니어링은 100세를 스스로 마감했다. 미국 대통령 부인이었던 재클린 케네디도 병세가 회복 불능 상태에 이르자, 일체의 의료 행위를 거절하고 65년의 일생을 마쳤다. 그리스 철학자 제논은 92세에 목을 매었고, 프랑스 철학자 질 들뢰즈는 질병의 고통을 못 이겨 아파트에서 뛰어내렸다(맹난자 자료). 천재로 이름났던 내 친구는 사업에 실패하여 사무실에서 뛰어내렸다. 끔찍하고 슬픈 기억이다.

논리로 보면, 인생 그 자체가 모순이다. 백과 흑은 반대 개념이고, 삶과 죽음은 모순 개념이다. 백색과 흑색 사이에는 회색이라는 중간 개념을 설정할 수 있으나, 삶과 죽음 사이에는 중간 개념이 없다. 반죽음이나 얼죽음 같은 말도 죽음과는 다르다. 살아 있다는 뜻이다.

어린아이가 누워 있다가 뒤쳐 기기 시작하는 순간 자체가 삶과 죽음의 모순을 품는다. 삶 자체에만 착목하면, 아이는 자라남으로 삶을 시작한다. 그러나 그것의 피니시 라인에서 보면, 아이는 죽음을 향하여 다가오고 있다.

그러므로 우리가 저절로 죽는 자연사를 기다리지 않고 지레 죽는 자살을 미화할 수 있을까? 그럴 수는 없다. 죽음이 절대적 비극이라면, 그 비극을 극복하는 것이 섭리다. 자살로써는 결코 그 비극은 극복되지 않는다.

이 모순을 극복하는 길은 어디에 있는가? 의과학의 발달로 생명을 연장시킬 수 있다. 실제로 우리 한국인의 평균 수명은 82.4세로 늘어났다. 남자 79.3세, 여자 85.4세다. 요사이 회갑 잔치를 하는 사람은 거의 없고, 70세 고희古稀도 덤덤히 넘긴다. 당나라 시인 두보가 그의 시 〈곡강曲江〉에서, 예로부터 70세까지 사는 사람이 드물다는 뜻으로, '인생칠십고래희人生七十古來稀'라 한 데서 '고희'란 말이 유래했다. 77세 희수喜壽, 80세 산수傘壽, 88세 미수米壽, 90세 졸수卒壽, 91세 망백望百, 99세 백수白壽, 100세 이상의 상수上壽를 누리는 사람이 늘어간다. 이런 말들을 일본 사람들이 쓴다 해서 꺼리는 사람도 있으나, 말이란 자연스러운 전파와 수용受容의 과정을 거쳐 형성되는 것이니, 지나치게 알레르기성 반응을 보일 필요는 없다.

앞으로 훼손된 세포나 장기 등을 교체해 가면서 사람들은 100세 인생을 살 것이다. 2030년에는 우리나라 평균 수명이 95세까지 늘어난다고 하니, 21세기가 다가기 전에 인류가 120세까지 살 것이라는 예측이 터무니없다고 할 수 없다. 의과학자들은 500세 인간 프로젝트를 계획 중이라 한다. 나아가 구약 성서에 등장하는 므두셀라를 넘어 천 세 인간이 생기지 말란 법도 없다. 그렇다 해도 인간은 결국 한 줌 썩은 흙이 된다.

듣기만 하여도 숙연해지는 목숨과 죽음. 이 죽음을 극복하는 방도는 있는가? 있다. 고등 종교다. 죽음에 대한 거룩한 분들의 응답은 셋이다. 모른다, 없다, 있다는 것이다.

공자는 죽음이 무엇이냐는 제자의 질문에 "미지생未知生이어늘 언지사焉知死리오?" 했다. 삶을 모르거늘 어찌 죽음을 알랴는 답이다. 죽음에 대한 치열한 탐구욕에서 공자는 먼 거리에 있었다.

석가모니 부처는 달랐다.

불교는 기원 전 5세기 초엽에 네팔 출신 석가모니가 설법說法한 가르침이다. 이 세상의 온갖 번뇌를 버리고, 수행修行을 통하여 깨달음을 얻어 부처가 되는 것을 목적으로 하는 것이 불교다. 깨달음의 단계에 따라 범부凡夫, 나한羅漢, 보살菩薩, 부처(붇다)라 부른다. "일체중생이 개유불성一切衆生, 皆有佛性."이라 했으니, 생명 있는 모든 것은 부처의 본성이 있어 바른 깨우침으로 부처가 될 수 있다는 것이다. 부처는 그러므로 복수 개념이다. 부처는 신神이 아닌 깨달은 존재일 뿐이다. 인격신人格神에 의한 실존적 구원과는 전혀 다른 것이 불교다. 불교는 역설의 레토릭으로 표현된다. 생즉사生卽死요 사즉생死卽生이다. 삶이 곧 죽음이고 죽음이 곧 삶이다. 아니 삶이란 없으니 죽음이 있을 리 없다. 색즉시공色卽是空이요 공즉시색空卽是色이다. 세상의 모든 것은 인연에 따라 생겨난 거짓 현상(가상)일 뿐 영구불변의 실체가 없음을 공이라 한다. 또 색은 눈에 보이는 현상, 곧 물질 세계다. 이 무상한 세계에 집착하여 온갖 고통에 허덕이다가 죽음에 이르는 것이 인생이라는 것이 불교의 가르침이다. 불교는 생로병사의 네 가지 고통에 또 네 가지 고통을 열거한다. 사랑하면서도 헤어져야 하고, 미워하면서도 만나야 하며, 구하여도 얻지 못하고, 물질과 정신의 다섯 갈래로 인한 고통을 합쳐서 8고라 한다.

생명이 있는 모든 존재(중생)는 여덟 가지 덕목(팔정도, 팔성도)을 수행하고, 영원히 변하지 않는 진리(사제, 사성제)를 깨치도록 가르치는 것이 불교다. 범부가 깨달은 상태를 나한, 보살, 부처라 한다. 깨닫지 못하고 죽은 중생은 열반(니르바나), 해탈의 경지에 들지 못하고, 윤회전생한다는 것이 불교의 가르침이다. 윤회전생은 해탈에 이르지 못한 중생은 업業에 따라 영혼이 육체와 함께 다른 생을 받아 끊임없이 생사를 반복함을 뜻한다. 업은 전생의 소행으로 현생에서 받는 응보다. 진리를 깨친 자가 죽어 마지막 도달하는 곳이 아미타불이 사는 정토淨土, 극락이다.

불교는 인간이 스스로 수행하여 구원을 얻게 된다고 가르친다. 그러기에 불교는 무신론이다. 원인이 결과를 낳는다는 인과론은 자연 과학과 닮았고, 수행으로 깨달음을 얻는다는 가르침은 상담 심리학에 유용하다.

기독교는 예수 그리스도를 구세주로 믿고, 그 인격과 교훈을 믿고 행하여 구원을 얻는 종교다. 기독교에서 중요한 것은 예수가 인간의 몸을 입고 오신 하나님(성육신)이며, 죽은 자 가운데서 사흘 만에 부활하여 승천하셨음에 대한 믿음이다. 이와 같이 기독교는 인격신을 믿는 유신론이다.

기독교 유신론은 인간이 실현해 가는 세속사와 유일신의 진리에 따른 구속사관을 준별한다. 세속사의 인간은 죽어서 구원받지 못한다. 하지만 구속사를 믿는 이들은 죽어도 구원되어 영생을 얻는다. 그러기에 기독교인들은 인생을 무상하다고 생각하지 않는다. 복락과 고난에서 창조주 유일신의 섭리를 읽으며 살아 간다. 기쁠 때나 슬플 때나 범사에 감사하고 쉬지 않고 기도하며 살아 간다. '예수께서 보여 주신' 죽음과 부활과 영생을 믿으며 그들은 우직하게, 늘 기쁘게 사는 것이다.

이슬람교 경전 쿠란에는 '부활의 장'(37~40)이 있다. 알라 신에게 죽은 자를 부활시킬 능력이 있음을 강조한다. 아랍인들은 유대교 · 기독교 · 이슬람교의 공통 조상 아브라함의 서자 이스마엘의 후손이다. 100세에 적자 이삭을 낳은 아브라함에게서 어머니와 함께 사막으로 쫓겨났으나, 끝내 살아남아 퍼뜨린 자손이 이슬람교 신자인 아랍인이다. 오늘날 이슬람교 신자는 중동 · 아프리카 · 중앙아시아 · 동남아시아 각국에 16억 명이 살고 있다.

이슬람 경전 쿠란(꾸란)은 서기 610년에 유일신 '알라의 계시'를 받아 무함마드가 썼다고 한다. 그에게 계시를 내린 천사는 가브리엘이다. 예수님 어머니 마리아가 계시를 받은 천사와 이름이 같다. 그가 쿠란을 쓴 사우디아라비아 메카(하리산)는 이슬람교의 성지聖地다. 쿠란에는 아브라함 · 요나 · 요셉 등 구약 성서의 인물들이 기록되어 있으나, '예수님'은 언급되지 않는다. '예수님은 구세주이며, 삼위일체 하나님이시라는' 사실을 인정하지 않는다. 그들에게 예수님은 한 예언자일 뿐이다. 그들은 계율을 엄격히 지키며, 이를 어긴 자는 돌로 죽이거나 참수할 정도로 비정하다. 이슬람 극단주의자들의 자폭 테러도 '알라 신을 위하여 죽음'으로

써 영원한 복락을 누릴 수 있다고 믿기 때문이다.

　죽음 문제에 대하여 공자는 모른다 하고, 불교는 죽음이란 없다고 한다. 기독교와 이슬람교는 죽음과 정면으로 마주하며 그에 순명, 초월한다.

　구약 시대의 므두셀라도 965세를 살았을 뿐 죽음을 면치 못했다. 우리는 죽음을 실존적 단독자로서 맞이할 수밖에 없다. 삶의 전 과정은 죽음을 위한 예비 행위다. 죽은 후에 우리는 창조주 유일신 앞에 필연적으로 서게 될 것이다. 그때 그 절대자가 우리더러 무엇을 하다가 왔느냐고 물으실 것이다. 그때에 내어 놓을 대답이 덜 부끄러운 영혼이야말로 복되다 할 것이다.

　우리에게 자주 불안과 공포를 주는 죽음. 하지만 죽음은 삶의 풍성한 결실일 수가 있다. 이를 믿는 모든 이는 불안과 공포에서 자유로운 사람이다. 그렇기에 인생은 결코 무상하지 않다. 그러기에 "사람은 잘 죽기 위하여 산다. 그리고 죽음으로써 영원히 산다."는 믿음이 우리를 살린다.

마음의 맷집

우리는 염려가 많다. 내일 떠오를 태양을 생각하기보다 지는 해를 안타까워하며 눈물 짓기 일쑤다.

지혜로운 사람은 미혹되지 않고, 어진 사람은 근심하지 않으며, 용기 있는 사람은 두려워하지 않는다고 공자는 말하였다. 지혜로운 사람은 사리에 밝기 때문에 어떤 일을 당하여도 갈팡질팡하지 않는다. 어진 사람은 마음이 늘 편안하여 근심하지 않고, 용기 있는 사람은 어려운 일을 당하여도 두려워하지 않는다. 이 역시 《논어》 말씀이다.

우리 평범한 사람들은 대개 지혜롭지도 어질지도 용맹하지도 못하다. 그래서 염려가 많다. 성서에는 염려하지 말라는 말씀이 5백 번 이상 나온다. "너희가 염려함으로 털끝 하나 옮길 수 있느냐."고 깨우친다.

막상 펄쩍 뛸 것같이 억울하거나 어떤 방도로도 해결할 수 없는 불행이 닥쳤을 때, 우리는 대개 절망하거나 잠을 못 자고 괴로워한다. 심지어 실성하거나 스스로 목숨을 끊기도 한다. 공자님이나 예수님 말씀이 위안이 되지 않기 때문이다.

　오래전에 온 국민의 사랑을 받던 최상위급 연예인이 갑자기 스스로 목숨을 끊어 충격을 준 일이 있다. 혼자 감당할 수밖에 없는 어려움을 당하여 극심한 속앓이를 하다가 심한 우울증이나 공황 장애에 걸려 그런 극단적 선택을 했을 것이다. 인간 실존은 때로 이처럼 한없이 연약하다. 가엾은 존재라는 말이다.

　사정을 잘 모르는 사람들은 조금만 더 참지 그랬느냐고 푸념들을 하지마는, 심한 우울증이나 공황 장애에 걸린 사람은 자기 의지로 그런 상황을 극복할 능력을 잃는다고 전문가들은 말한다. 이런 상황은 전문 상담자나 정신건강의학과 전문의를 찾아가면 극복할 수 있다. 주위의 시선이나 비방보다도 중요한 것은 생명이다.

　얼마 전 한 여배우의 마지막은 우리에게 큰 감동과 교훈을 남겼다. 김영애 씨 이야기다. 그녀는 사업에 크게 실패하고 불치의 병에 걸렸다. 그는 극심한 고통을 견디며 약속한 텔레비전 연속극 횟수를 다 채우고 숨을 거두었다. 그 건강미 넘치고 아름답던 얼굴이 철골로 변한 것을 보는 시청자들 마음에는 안타까움과 찬사가 교차했다. 그래도 그녀가 췌장암 투병 중이었다는 것은 숨을 거둔 후에야 알려졌다. 김영애 씨의 마지막은 장대하도록 아름다웠다. 그의 영혼에 축도를 보낸다.

　그녀를 파멸시킨 것은 어느 기자의 오보다. 그의 회사가 만든

제품에 인체에 해로운 성분이 섞였다는 보도였다. 나중 재판을 통하여 잘못된 보도임이 밝혀졌으나, 회사는 이미 망한 뒤였다. 언론의 잘못된 보도로 억울한 사람이 파멸되고 병들거나 스스로 목숨을 끊은 일이 얼마나 많았던가에 생각이 미치면, 살아 있는 자는 부끄러워 마음을 추스르기 난감하다.

지금도 폭발적으로 늘어난 온갖 언론 매체가 사람의 사생활을 미주알고주알 캐고, 추측성 과장 보도나 잘못된 정보로 인격 말살을 일삼는 것은 죄악이다. 이런 비상식적인 시대에 우리가 살아남을 길은 마음의 맷집을 키우는 데 있다. 역사상 마음의 맷집이 세기로는 에이브러햄 링컨을 당할 사람이 아마 없을 것이다.

미국 제16대 대통령 링컨은 우리 마음에 큰 울림을 준다. 그는 10세에 천사 같은 어머니를 여의었고, 유산이라고는 성서 한 권뿐이었다. 20세에 누이를 잃었고, 27세에는 약혼녀가 죽었다. 42세에 5살 된 둘째 아들 에드워드를, 53세에는 12살 된 셋째 아들 윌리엄을 잃었다. 선거에 7번 낙선했고, 사업에도 2번 실패하여 빚을 갚는 데 17년이 걸렸다. 선거 때에는 허름한 옷에다 별로 잘 생기지 못한 그를 정적은 고릴라라고 모욕했다. 그는 실패한 날마다 말끔히 이발하여 마음을 다잡고 식사를 두둑히 한 후 미래를 설계했고, 마침내 대통령이 되었다. 남북 전쟁에 승리하여 국토를 통일하고, 노예를 해방시켰다. 미국 사람들에게 인류 역사상 가장 위대한 사람이 누구냐고 조사하면 링컨이 늘 2위고, 1위는 예수 그리스도다. 사람을 평가하기에 까다롭기로 유명했던 레프 톨스토이도 링컨을 성자로 뜻매김했다. 우리는 링컨이 대통령이었다는 결과에 몰두하는 가운데, 그가 고난 속에서 마음의 맷집이 얼마나 컸던가에는 착목하지 않는다. 인생은 무엇이 되었느냐보다 어떻게 살았는가를 기준으로 평가할 일이다.

구약 성서《잠언》(24:16)은 가르친다.

"대저 의인은 일곱 번 넘어질지라도 다시 일어나려니와, 악인은 재앙으로 인하여 엎드려지느니라."

성서는 7전 8기를 권면한다.

평소에 현실 체험과 독서로 마음의 맷집을 단단히 키워 놓아야《논어》나 성서의 말씀이 마음을 다잡아 줄 것이다. 더욱이 제4, 5차 산업 혁명으로 엄청난 변혁을 겪어야 할 다가올 세상에서 사람들은 일생동안 6~7차례 직업을 바꿔 가며 살게 될 것이다. 몸과 마음의 맷집 키우기가 절실한 때가 목전에 이르렀다.

선천설과 후천설

악동 형제가 있었다. 둘 다 〈흥부전〉의 놀부였다. 못된 짓을 하는 데는 둘째 가라면 서러워할 정도로 악행의 챔피언이었다. 그들은 우수한 두뇌를 타고나서 공부는 곧잘 했다. 어른이 되어서도 제 버릇은 고치지 못한 채 권력 기관에서 일하였다. 그들은 그들에게 주어진 '서 푼짜리' 권력으로 수많은 사람을 괴롭혔다. 이상한 것은 그들의 맏형은 그야말로 법 없이 살 어진 사람이라는 점이다.

사람의 성격과 사람됨을 두고 선천설과 후천설이 있다. 타고나느냐, 아니면 환경과 교육이 결정하느냐 하는 주장이다. 위에서 말한 두 악동과 맏형은 같은 부모와 같은 가정 환경에서 자랐다. 그런데도 저같이 상반된 인간이 된 까닭은 무엇인가.

이에 대하여 사회학자, 인류학자, 심리학자 등 많은 전문가들이 연구하였고, 그 결과는 유전 결정론(선천설)과 환경 결정론으로 양분되었다. 유전 결정론은 교육 무용론을 낳는다. 잘못된 인성이나 사람됨은 타고 나는 것이니, 가르쳐 봐야 개선되지 않는다는 것이다. 환경 결정론은 모든 잘잘못의 원인을 환경 때문이라 하며, 개인의 책임을 배제한다. 이럴 때 좋은 지침을 주는 것이 변화 심리학이다.

선천설이 옳으냐 후천설이 옳으냐 하고 다투는 동안에도 인간은 제여곰 갈 길을 가고 있다는 사실이 중요하다. 세상의 모든 교육은 '인간은 변할 수 있다.'는 가설에서 출발한다. 미국의 변화 심리학자 앤서니 라빈스키는 이런 가설을 입증한 것으로 유명하다. 가령, 습관의 변화가 인간의 성격과 행동을 바꾼 사례가 그것이다. 사람의 습관은 어떤 감정과 연결되는 신경 시스템의 변화에 따라 바뀐다는 것이다. 술이 '즐거운 신경 회로'에 연결될 때 술꾼이 되고, 고통스러운 신경 회로와 연결될 때 술을 끊게 되는 것이 그 예다.

여섯 살 난 귀여운 딸이 담뱃불을 붙이려는 아버지에게 울면서 말했다.

"아빠, 일찍 죽지 마세요. 내가 시집갈 때 아빠가 식장에 데리고 들어가야 하잖아요."

어린 딸의 이 말에 담배 골초 아빠는 담배를 끊었다.

이것은 실화다.

캐런 프라이는 《그 개를 쏘지 마세요》란 책에서 동물 조련술을 예로 든다. 사자는 채찍, 말은 고삐, 개는 목줄로 고통을 주어서 훈련하고, 범고래는 좋아하는 먹이 주기 등 보상 강화 프로그램을 운용한다는 것이다. 그렇다면 사람은 어찌할 것인가.

미국 방송 토크쇼의 대가 오프라 윈프리의 경우는 많은 불행한 청소년들에게 소망의 메시지를 전한다. 아프리카계 여성인 오프라 윈프리의 어머니는 남의 집 파출부 일을 하며 딸을 키웠다. 오프라는 마구 엇나가 14세에 미숙아를 출산할 정도로 어지럽게 살았다. 그녀는 마약에 찌들었고, 가출하기 일쑤였다. 거듭 비행을 저질러 청소년 감호소에 수용될 지경이 되었다. 감호소가 만원이라 받아 줄 수 없게 되자, 그녀의 어머니는 전 남편 버논 윈프리에게 딸을 맡겼다. 버논 윈프리는 규율을 엄격히 하고, 그의 아내 젤마의 가정 교육은 체계적이었다. 많은 책을 읽히며 반드시 독후감을 쓰게 했을 뿐 아니라, 영어 단어를 많이 외어서 어휘력을 기르게 했다.

이렇게 훈도를 받으며 성장한 오프라 윈프리는 세계적인 토크쇼 진행자가 되었다. 그녀는 2천만 텔레비전 시청자를 확보하고, 연 2억 6천만 달러의 광고 수입을 올리는 유명 인사다. 1998년 유명 잡지의 여론 조사에서 존경받는 여성 2위에 올랐다. 힐러리 클린턴, 오프라 윈프리, 바버라 부시, 마거릿 대처 순이었다. 그녀는 환경의 희생자가 될 것인가, 자기 인생을 스스로 책임질 것인가의 갈림길에서 후자를 택하여 성공했다.

너새니얼 에먼스는 '습관은 최상의 주인이거나 최악의 하인'이라고 했다.

극히 예외적인 경우를 제외하면, '절대적으로 몹쓸 사람'은 없다. 인간의 내면에는 놀라운 잠재력이 감추어져 있다. 그 잠재력을 긍정적인 신경 시스템에 접속시키면, 그것은 종종 우리가 기대한 수준 이상의 결실로 우리에게 다가올 수 있다.

악동 형제 같은 사람도 신경 시스템에 변화를 일으키게 함으로써 괜찮은 인간으로 변할 수 있을 것이다.

시련의 역설

7전8기라는 말이 있다. 일곱 번 넘어져도 여덟 번 일어난다는 뜻으로 고난에 지지 않는 불굴의 삶을 가리킨다. 에이브러햄 링컨 대통령이 그런 사람이다. 어려서 어머니를 여의었고, 사업에 거듭 실패하여 빚을 갚는 데만 17년이 걸렸다. 아들 둘을 병으로 잃었고, 선거에 출마하여 일곱 번이나 고배를 마셨다.

중국 역사에도 그런 인물이 많다.

주나라 시조 문왕은 하나라 폭군 주紂에게 사로잡혀 자기 아들 삶은 국물을 마시는 치욕을 당하면서 《주역周易》을, 공자는 진陳나라와 채나라 사이에서 고난을 당하는 중에 《춘추春秋》를 썼다. 손빈孫臏은 두 다리를 잘리는 형벌을 받은 후에 《병법兵法》을, 한비韓非는 진秦나라에 붙들려 가서 《세난說難》과 《고분孤憤》을 썼다. 한나라 사마천司馬遷은 무제에게 궁형宮刑을 당한 후에 《사기史記》를 썼다. 다 역사에 남은 명저들이다.

중국 춘추 시대 우虞나라 사람 백리해百里奚는 40년간 궁핍과 온갖 고난을 겪은 뒤에 진秦나라 목공穆公 아래서 70세에 재상 자리에 올랐다. 강태공(태공망太公望 여상呂尚)은 80세에 문왕文王을 도와 주나라를 일으켰다. 또 와신상담臥薪嘗膽의 고사에 나오는 월왕越王 구천句踐은 오왕吳王 부차夫差의 종이 되는 치욕을 이겨내고 재기하여 오나라를 멸망시켰다. 한漢나라 고조 유방劉邦의 장수가 된 한신韓信도 한때에는 동네 건달들의 바짓가랑이 사이를 기어 지나가야 하는 모욕을 감수해야 했다.

셰익스피어에 버금가는 영국 작가 존 밀턴은 정치적 시련 속에서 세상에 버림받고 재산까지 잃은 실의와 고독 가운데 불멸의 서사시 〈실낙원〉(1667)을 썼다. 이 위대한 작품은 과로로 실명한 밀턴이 구술하는 대로 아내와 딸이 적게 하여 완성했다. 이에 앞선 먼 고대의 위대한 서사시 〈일리아스〉와 〈오디세이아〉를 남긴 호메로스(호머)도 눈먼 사람이었을 것으로 추정된다. 그의 작품에는 청각적인 요소가 압도적으로 많은 것이 그 증거라고 학자들은 주장한다. 불후의 명곡 〈합창〉도 베토벤이 청각을 잃었을 때에 썼고, 미국의 위대한 사회 사업가 헬렌 켈러도 생후 19개월에 심한 병을 앓은 후유증으로 시각과 청각을 잃은 장애인이었다.

지난 70여 년 동안 우리나라의 많은 기업인들은 물론 이 땅의 수많은 사람들이 허다한 시련을 이기고 기업과 집안을 일으켰다. 실로 억척같이 살아 온 70여 년이었다.

살아 있는 한 우리에게 절망이란 없다. 시련의 역설이 있기에 인생은 살아 볼 만한 것이다.

생각이 운명을

심리학에 피그말리온 효과라는 말이 있다. 그리스 신화에서 유래된 용어다. 키프로스 왕 피그말리온은 조각 상을 사랑했고, 간절한 마음으로 조각 상에 키스를 하였더니, 생명 있는 여인이 되었다. 이것은 신화다. 하지만 현실 속에서도 유효하다. 자기 암시 효과 말이다. 자기 암시 능력이 탁월한 소위 차력꾼이 유리 파편 깔린 길을 무사히 걷고, 무당은 발을 다치지 않고 작둣날 위에서 춤을 춘다. 일종의 초능력이다.

미국에서 사형수를 실험한 결과는 놀라웠다. 한 사형수에게 집행관이 말했다. 피를 뽑아서 죽게 한다는 것이었다. 그는 사형수를 침대에 눕히고 몸에 주삿바늘을 꽂았다. 피는 뽑지 않은 채 물방울 떨어지는 소리만 들려 주었다. 그런데도 죄수는 죽었다. 사람은 절체절명의 극한 상황에서 생각만으로 성공과 실패의 상황에 처할 수 있고, 심지어 생사의 희비를 가를 수도 있다.

전투에서 다리와 팔을 잃은 두 병사가 한 병실에 입원해 있었다. A 병사는 창가 침대에, B 병사는 창밖이 보이지 않는 안쪽 침대에 누워 있었다. 둘은 절망에 빠져 살 의욕을 잃었다. 며칠이 지난 뒤에 B 병사는 바깥 상황이 궁금해서 A 병사에게 물었다.

B 병사: "바깥에 무엇이 보이는가?"

A 병사: (B 병사를 위로해 줘야겠다고 생각하며) "어, 창밖에는 봄이 한창 무르익고 있어. 지금 라일락 꽃이 한창이야. 조금 있으면 장미꽃도 피겠네."

B 병사: "아, 그래. 사람들은 보이지 않는가?"

A 병사: "사람들이 봄나들이를 나왔어. 단란한 가족도 보이네."

B 병사: "가족 중에 아가씨도 보이는가? 열일곱 살쯤 되어 보이는?"

A 병사: "아, 그렇군. 고등학교 1학년생쯤 된 아가씨가 오라비같이 보이는 청년과 유쾌하게 얘기를 나누고 있어. 정말 어여쁜 아가씨야."

B 병사: "사실은 말이야. 내게도 그런 누이가 있거든. 귀엽고 영특하지. 내가 제대하여 취직하면 예쁜 블라우스를 사 달라고 했지."

B 병사는 그 다음날도 A 병사에게 물었다.

A 병사: "아, 휠체어를 타던 아저씨가 오늘은 목발을 짚고 걷기

연습을 하시네."

B 병사: "잘 걸으시는가?"

A 병사: "좀 서투르시기는 하지마는, 한 걸음 두 걸음, 벌써 10미터는 걸으셨네."

그 다음날도 두 사람의 대화는 계속되었다.

B 병사: "혹시 강물이 보이는가?"

A 병사: "강이 있어." 제법 큰 강이야. 아, 저기 젊은 남녀가 보트 놀이를 하고 있네."

B 병사: "다정해 보이는가?"

A 병사: "암, 다정하다마다."

B 병사: "내 고향 마을도 강가에 있지. 고향도 부모님도 누이도 그립구먼."

A 병사: "상처가 나으면 고향에 가야지."

B 병사: "……."

이런 대화가 오래도록 오가던 어느 날 B 병사는 새 희망을 품고 의족과 의수에 의지하며 고향길을 재촉했다. 그 후 얼마 지나지 않아 A 병사는 숨을 거두었다. B 병사보다 상처가 워낙 깊었던 것이다.

의족을 하고 병원 건물을 나선 B 병사는 바깥 풍경에 놀라지 않을 수 없었다. 거기에는 라일락이나 장미가 꽃을 피울 정원도 푸른 강물도 없었다. B 병사는 눈물이 났다. 자기에게 희망을 주려고 아름다운 풍경, 장애인의 재활 치료와 단란한 가족의 모습을 날마다 꾸며서 말하여 준 A 병사의 마음씨 덕분에 그는 새 소망을 품고 퇴원할 수 있게 된 사실을 깨닫게 된 것이다.

 제2차 세계 대전 당시에 악명 높은 아우슈비츠 수용소에서 있은 일이다. 하루에도 수백 명씩 독가스실로 끌려간 유대인들이 주검이 되어 버려지는 곳이 수용소였다. 유대인 스타니슬라브스키는 꼭 살아야겠다는 일념으로 수용소 탈출의 꿈을 버리지 않고 기회만 엿보았다. 어느 날 감시가 소홀한 틈을 타서 빨가벗은 채 시체 더미 속에 몸을 숨겼다. 시체 폐기장에 버려진 그는 알몸으로 25마일을 달려서 자유를 얻었다.

 미국 앨러배머 주 엔터프라이스 목화 산지에 벌레 떼가 대거 습격했다. 목화 산지는 폐허같이 전락했다. 1895년의 일이다. 생계수단을 잃은 엔터프라이스 사람들은 절망했다. 하지만 이런 경우에 드물게 나타나는 긍정적 개혁가, 창조적 인물 들이 운명을 바꾼다. 그런 사람들의 아이디어로 목화 산지는 땅콩 산지로 바뀌었고, 그 곳은 마침내 미국 땅콩 제1생산지가 되었다(김정빈 산문).

 어느 알코올 중독자에게 아들 둘이 있었다. 큰아들은 아버지를 닮아 알코올 중독자가 되었다. 반면에, 아버지의 행동에 진저리를 치며 절치부심하던 작은 아들은 아버지 같은 사람을 연구하는 저명한 학자가 되었다.

누군가 "생각이 행동을 낳고, 행동이 습관을 낳고, 습관이 성격을 낳고, 성격이 운명을 낳는다."고 했다. 옳은 말이다.

2016년 리우 올림픽 때의 일이다. 우리 펜싱 대표 박상영 선수는 패배의 위기에 몰리자, '할 수 있다'는 말로 수없이 자기 암시를 하며 경기를 했다. 결과는 승리였고, 금메달을 땄다.

피그말리온 효과는 심리학 사전에나 숨어 있을 죽은 말이 아니다. 우리의 마음이 빚어내는 현실일 수 있다.

표절

정직하게 살기란 쉽지 않다. 인간의 욕망은 식지 않고, 유혹하는 것들이 도처에 널려 있어서다. 남의 작품이나 학설을 슬쩍 훔쳐서 자기 것이라고 속이는 표절의 유혹도 만만치 않다. 문단이나 학계에서 표절 문제로 자주 다툼이 생기며, 마침내 법정 싸움으로 치닫는 경우까지 있다.

지난 2015년에 한국문인협회의 요청으로 한국 근현대시의 표절 문제를 주제로 한 평론 한 편을 쓴 일이 있다(《월간문학》, 2015.11). 자료를 수집해 보니, 우리 시인들의 표절 양상은 심각했다. 제일 놀라운 것이 유명 시인들의 대표작을 모아 자기 창작 시집이라고 속여서 발간, 판매한 경우였다. 유명 시인들이 대개 서울살이를 하니, 먼 남도에서 자기가 벌인 일을 알지 못하리라고 생각하였던 모양이다. 또 원색적 욕망을 노출한 퇴폐 소설을 써서 베스트셀러 작가가 되었던 저명 대학 교수의 표절 행위는 경악할 사건이었다. 한 학생이 대학 교지에 발표한 시를 훔쳐 자기 창작으로 발표하고 천연덕스럽게 살았던 것이다.

다음 〈A〉는 학생이 쓴 원작이고, 〈B〉는 한 대학 교수가 발표한 표절 작품이다.

〈A〉 입에 장미꽃을 물었다/꽃에 달린 가시가 찔러 몹시 아프다/눈을 감고 그래도 장미꽃은/아름다운 꽃이라고 생각한다/말은 못 한다/장미꽃이 떨어지기 때문이다 (김이원, 〈말에 대하여〉, 1983)

〈B〉 입에 장미꽃을 물었다/꽃줄기에 달린 가시가 찔러/몹시 아프다/눈을 감고/그래도 여전히/장미꽃은 아름다운 꽃이라고/생각한다/말은 못 한다/장미꽃이 떨어지기 때문이다 (마○○, 〈말에 대하여〉, 2006)

시행의 전개 방식만 살짝씩 바꾼 수법이 애처롭기까지 하다. 인간의 원색적 본능을 무한정 발산하는 데에 문예 미학의 승리가 있는 양하던 이 프로이트주의자는 학생의 작품을 이같이 표절하여 자기 시집에 실었다. 그는 이런 절제되지 않은 욕망의 세계로 치닫다가 끝내 스스로 삶을 마감하고 말았다. 그가 쓴 박사 학위 논문은 탁월했기에, 그의 죽음은 우리 남은 사람들을 아프게 한다. 구절, 아이디어, 내용 등을 교묘하게 표절한 이들이 청청히 살아가는 것은 더욱 큰 아픔을 준다.

나에게도 표절에 관한 아픈 기억이 있다. 나의 대표 저서 중의 하나인 《문장기술론》 이야기다. 이 책은 1980년에 초판이 나온

후에 2008년까지 증보판을 거듭 내며 베스트셀러가 되었던 나의 대표 저서 중 하나였다. 한국의 영문학자 박정미 수녀님과 미국의 에스피노자 선생의 도움을 시작으로 하여 영문 원서 20여 권을 입수한 나는 글쓰기의 기본 이론을 정립하였다. 잇달아 그 이론에 맞는 국내외 예문들을 찾는 데 한동안 땀을 쏟았다. 이리하여 1980년에 내어 놓은 책이 《문장기술론》으로, 제6판까지 내었다. 초판 464페이지였던 것이 799페이지까지 늘어난 역저力著였다.

1990년대 말 어느 날 사건이 터졌다. 국토 남단의 어느 대학에서 학장 선거를 두고 파벌 싸움이 벌어지고, 마침내 소송 사건으로 비화했다. 그 사건에 내 책의 표절 문제가 부각되었다는 소식이었다. 표절한 자는 나를 잘 아는 K교수라는 인사였다. 그는 내 책에서 주요 부분을 골라 논문 형식으로 고쳐서 제출하고 연구비까지 받아 썼다. 이에 그치지 않고 내 책의 표지만 바꾸어서 저자를 자기 이름으로 고쳐서 그것으로 강의했다. 뿐만 아니라 책을 판매한 대금까지 착복했다.

사건의 중대성이 일파만파로 커지자, 그자는 내 뒤통수를 치기 시작했다. 그 책을 둘이서 공동으로 연구하였다는 엄청난 조작을 노골화하였다. 대학 시절의 은사님까지 모시고 나와서 나를 겁박하였다. 나더러 '양심이 없는 사람'이라고 몰아붙였다.

아연실색한 나는 마음 병을 심하게 앓았다. '사람이 사악하다하여도 저럴 수는 없지 않은가.' 하고 나는 탄식했다. 그 책은 내가 영문 원서 20권을 비롯한 수많은 책을 읽고, 우리다운 글쓰기 이론을 새로이 정립하느라 밤잠을 설쳐 가며 써 낸 이 땅 초유의 문장론저였다. 이론에 들어맞는 예문들을 일일이 찾아 내느라 내 서재는 물론 도서관 책들을 섭렵하기에 오랜 시간이 걸렸음은 두말할 필요가 없다. 이같이 내 피땀의 결정체인 《문장기술론》을 통째로 꿀꺽 삼키고서는 '양심'을 들먹이는 그 후안무치는 용서하기가 어려웠다.

사람이라면 누구나 좋아하는 내 성격 탓에, 나는 일생 동안 무서운 사람 넷을 만나 '죽음 체험'까지 했다. 우여곡절 끝에 셋은 용서했다. 용서하지 못하는 한 사람은 표절범이다. 용서하지 못하는 것도 죄인 줄 아나, 그의 파렴치가 하늘을 찌르는 걸 어쩌랴. 원하건대, 내 생이 다하기 전에 그가 내 앞에 와서 회개하기를 바란다. 용서하는 자는 내가 아니라 하늘이다.

표절은 남의 지식과 영혼을 훔치는 중대 범죄다. 표절범들이 명심해야 할 윤리적 명제다. 학위 논문을 표절하는 행위는 더욱 용납할 수 없다.

표절에 관한 T.S. 엘리엇의 명언은 큰 감명을 준다.

미숙한 시인들은 모방하고, 능숙한 시인은 훔친다. 서투른 시인들은 얻은 것(원작)을 손상하고, 유능한 시인들은 더 훌륭하게, 적어도 다르게 만든다. 유능한 시인은 훔친 것을 조각내어 독창적인, 완전히 다른 총체적 감수성 속에 융화시킨다.

모방과 표절과 창조의 길을 함축적으로 깨우치는 말이다.

비극적 결함

우리나라 문학 전통에는 비극이 거의 없다. 우리 고전 소설들은 옛 민담처럼 모두 "잘살았다."로 끝난다. 남녀 주인공의 죽음으로 끝나는 고전 소설 〈운영전〉 한 편 정도가 비극적이다.

서양에는 비극의 전통이 있다. 서양 비극은 운명 비극tragedy of fate, 성격 비극tragedy of character, 상황 비극tragedy of situation으로 나뉜다. 〈오이디푸스〉 같은 그리스 비극은 운명 비극이다. 주인공 오이디푸스는 성격상의 결함 때문이 아니라 이미 정하여진 운명인 신탁神託에 따라 비참한 최후를 맞이한다. 아이스킬러스, 소포클레스, 에우리피데스는 그리스의 유명한 비극 작가다. 영국의 셰익스피어(1564~1616)는 〈햄릿〉, 〈리어왕〉, 〈오셀로〉 등 불후의 성격 비극을 쓴 위대한 작가다. 그리고 입센이나 스트린트베르흐는 대표적인 상황 비극 작가다. 주인공이 운명이나 사회적 상황과 분투하다가 파멸하느냐, 자신의 성격 때문에 파멸하느냐에 따라 나눈 것이다.

셰익스피어의 성격 비극은 모순 투성이의 우리 인간에게 유익한 시사점을 던진다. 성격 비극의 주인공 성격에는 비극적 결함 harmatia, tragic flaw이 있다.

〈햄릿〉의 주인공 햄릿은 아버지를 살해하고 어머니와 혼인한 숙부를 죽일 것인가 말 것인가를 결단하지 못하는 우유부단한 성격이 비극을 부른다. "죽느냐 사느냐, 이것이 문제로다To be or not to be, that is the question."는 유명한 대사는 우유부단을 대변한다. 이 문장의 전반부는 '참느냐 마느냐', '이대로냐 아니냐', '있음이냐 없음이냐'로도 번역된다. 앵글로색슨족 복수의 전통과 르네상스적 인본주의, 이성과 감정의 대립으로 해석되기도 하나, 우유부단한 햄릿의 성격은 비극적 결합이다. 과감히 돌진하는 돈키 호테와 대조되는 성격 유형이다.

〈리어왕〉의 주인공인 리어왕은 아첨에 현혹되는 비극적 결함 때문에 비극적 최후를 맞는다. 그는 어리석게도 세 딸을 모아 놓고 충성(효도) 경쟁을 시킨다. 아버지인 자기를 제일 사랑하는 딸에게 가장 큰 영토를 주겠노라고 한다. 맏딸과 둘째 딸은 온갖 미사여구로 아첨한다. 막내딸의 대답은 다르다. 아버지와 남편을 다 사랑하겠다고 한다. 격노한 리어왕은 매몰차게 막내딸과의 절연을 선언한다. 그러나 마침내 첫째, 둘째 딸은 반역한다. 막내딸이 약혼자와 함께 아버지를 구하러 달려왔으나, 두 언니들 손에 죽임을 당한다. 모든 것을 잃고 충직한 막내딸마저 죽어 막다른 골목에 다다른 리어왕은 울부짖는다.

맏딸과 둘째 딸의 감언이설에 속아 자기 왕국의 권력과 재산 모두를 넘겨 준 리어왕에게 광대는 충고한다. "아비가 누더기를 몸에 걸치면/자신은 모르는 체하지만,/아버지가 돈주머니를 가지면/자식들은 모두 효자.", "당신은 딸들 때문에/1년을 세어도 못다 셀/슬픔이 있을 거야."

아첨하는 자의 혓부리가 얼마나 간교하며, 충직한 사람의 곧은 말이 얼마나 진실한가를, 셰익스피어는 그야말로 실감나게 보여 준다. 두 딸 거너릴, 리이건은 아버지에게 충성하는 하인의 눈을 뽑아버리는 데 그치지 않고, 아버지를 구하러 달려온 막내 코델리아를 교수형에 처한다. 리어왕은 유산 한 푼 못 받았음에도 아버지를 위해 목숨까지 바친 코델리아의 시신을 안고 울부짖다가 숨을 거둔다.

흑인 장군인 오셀로가 백인 미녀 아내 디스데모나를, 간통한 것으로 오해하여 목졸라 죽이는 〈오셀로〉도 성격 비극이다. 간교한 부하 이아고의 계략에 속아 결백한 아내를 죽인 것이다. 모함에 약한 흑인의 열등 콤플렉스가 오셀로의 비극적 결함이다.

셰익스피어의 비극 작품들이 보여 주는 우리 인간 모두의 보편적인 비극적 결함, 성격 비극이 빚는 실상이 우리를 숙연케 한다. 셰익스피어의 위대성이 여기에 있다.

우리 인간의 내면에는 비극적 결함이 있다. 큰일을 하는 사람과 성직자 등 특히 많은 이의 존경을 받는 사람에게 오히려 더 심각한 비극적 결함의 뿌다구니가 불시에 엄습한다. 자고로 상습적으로 부도덕한 행위를 하는 사람보다 평소에 선하고 훌륭한 사람이 단 한 번 유혹의 덫에 걸려 파멸하는 경우가 많다.

  인간 내면의 성격 비극, 두렵다.

너새니얼 호손의 〈주홍 글자〉

사람은 정욕에 심히 약하다. 정욕을 바탕으로 한 남녀 간의 사랑은 아름답지만 위험하다. 그런데 이 아름다운 사랑도 일부일처제의 관습에 따른 것이어야 한다고 하늘은 명령한다. 이러한 무거운 도덕률은 인간의 넘치는 욕망으로 인해 자주 파열음을 낸다. 한 사람만을 사랑할 수 없는 인간의 본성 때문이다. 문학 사회학적 관점으로, 비평가들은 소설이란 '성과 돈의 분배 문제'임을 선언한다. 성과 돈이 인간 사회의 중대 과제라는 뜻이다.

인간의 성애性愛를 치열하게 다룬 소설 중에 유명한 작품으로 너새니얼 호손의 〈주홍 글자〉가 있다. 이 작품은 번역본으로 200자 원고지 1,300장이 넘는 장편 소설이다. 호손이 46세 되던 해인 1850년에 출판되었다. 초판 2,000부는 10개월 만에 매진되었고, 그 후 2년 동안 6,000부가 팔린 당대의 베스트셀러였다.

이 작품의 첫머리는 감옥과 장터의 처형대 이야기로 시작된다. 작중 배경은 17세기 중엽의 보스턴 장터다. 초점은 생후 석 달쯤 되어 보이는 어린아이를 안고 옥문을 나와서 처형대로 걸어오는 한 여인에게 쏠리는 군중의 시선이다. 여인은 간음adultery의 표지인 주홍 글자 'A'를 가슴에 달고 처형대 위에 선다. 잉글랜드의 유서 깊은 가문 출신인 헤스터 프린은 한 무리의 청교도 이민자들과 함께 남편보다 먼저 이곳으로 왔으나, 뒤따라 오겠다던 남편은 종무소식이었다. 마침내 그녀는 간음하지 말라는 기독교 제7계명을 어긴 죄로 치욕과 공포의 이 처형대 위에 서게 된 것이다. 간음죄를 짓고 끌려 나와 군중들의 돌팔매를 맞고 죽을 뻔했던 2천년 전의 히브리 여인과 같이, 청교도 지역 보스턴에서 헤스터 프린은 군중의 살기 어린 증오와 경멸의 대상이 되어 외로운 단독자로 이 처형대에 서게 된 것이다.

헤스터 프린은 재판관들에게서 3시간 동안 이 처형대 위에 서서 치욕을 당하는 정도의 관대한 처분을 받았다. 그녀는 자기를 향하여 증오와 경멸의 시선을 퍼붓는 군중 속에서, 놀랍게도 죽은 줄로만 알았던 남편의 눈길과 마주친다.

그녀는 명망 높은 젊은 목사 아서 딤스데일의 심문을 받는다. 목사는 그녀에게 상간한 남성의 이름을 밝히라고 간절히 호소한다. 그러나 그녀는 그 이름을 끝내 발설하지 않는다. 그녀는 그 남성의 괴로움까지도 자신이 품고 참아 내겠다고 말한다.

헤스터 프린은 어린 딸 펄(진주)을 데리고 보스턴 교외로 나가 자수로 생계를 이으며 살아 간다. 조난당해 죽은 줄 알았던 그녀의 남편 로저 칠링워스가 불시에 나타나 그녀의 비밀을 알아차리고 협박하기 시작한다. 본디 온건하고 친절했던 의사 칠링워스는 아내의 불륜이라는 충격적인 사태 앞에서 음습한 협박자로 변한다.

극심한 양심의 가책으로 신음하던 상간자 딤스데일 목사는 마침내 주민들 앞에 나서서 자기가 저지른 간음의 죄를 7년 만에 고백한다. 그가 풀어 헤친 앞가슴에는 헤스터 프린의 것과 같은 주홍 글자 'A'가 칼로 새겨져 있었다. 처형대 위에 기진하여 쓰러진 딤스데일 목사의 얼굴에는 비로소 안도의 미소가 어리기 시작했다. 헤스터 프린의 드러난 죄revealed sin, 아서 딤스데일 목사의 숨겨진 죄concealed sin, 로저 칠링워스의 용납되지 않는 죄unpardonable sin의 문제에 대한 평가는 우리 독자들의 몫이다.

사랑스러운 딸 펄을 데리고 이웃에 봉사하며 아름답게 살아가는 헤스터 프린에게 죄와 치욕의 상징이었던 주홍 글자 'A'는 이제 '능력ability'과 '천사angel'의 표상으로 승화되었다.

욕심이 잉태한즉 죄를 낳고, 죄의 삯은 사망이라고 하늘 말씀은 경고한다. 하지만 회개하며 사랑하는 영혼에게는 축복의 비가 내린다. 감추인 것보다 더 드러나는 것은 없다. 은밀히 저지르는 죄도 하늘은 보고 있다.

우리는 헤스터 프린에게서 죄와 회개와 소망의 빛을 본다. 아울러 "내가 두려워하는 것은 하늘에 반짝이는 뭇 별과 내 양심의 도덕률이다."고 한 임마누엘 칸트의 말을 상기하게 된다. 칸트의 엄숙주의가 죄의식이 마비된 오늘날의 우리에게 자못 진지한 표정으로 다가온다. 사랑을 만난 행복한 엄숙주의 말이다.

제6장

그리운 이름들

사랑의 어머니

내가 밥상 머리에서 늘 길게 기도를 드리는 데는 까닭이 있다. 어머니의 교훈 때문이다. 어머니는 온통 사랑 덩어리셨다. 몇 가지 기억만 되새겨 보기로 한다.

초등학교 시절 어느 날 학교에서 귀가해 보니, 어머니는 실성한 동네 아낙네의 머리를 감겨 곱게 빗질을 하고 계셨다. 어머니의 점심 대접을 받은 그녀가 잠을 청하는 모습은 평온했다. 남편의 폭행을 견디지 못하고 실성한 그녀는 유리걸식하는 신세가 되었고, 동네 아이들이 '미친 여인'이라고 내던지는 돌멩이질에 격한 광기를 분출하기도 했다. 그런 여인이 우리 어머니 앞에만 오면 순한 양이 되었다. 신기한 일이었다.

중학교 때의 일이다. 풋보리 바심으로 높으나 높은 보릿고개를 넘어야 하는 흉년이었다. 어느 토요일이었다. 학교 공부가 끝나자마자 20리 산길을 뜀박질로 넘어 집으로 왔다. 웬일인지 그날따라 어머니는 점심이 없으니 저녁을 일찍 먹자고 하셨다. 배 고파하는 한센병 환자에게 내 점심을 주셨다는 것이었다. 나는 난생 처음으로 어머니께 역정을 내었다. 하필 '문둥이'에게 내 밥을 주셨느냐고 중얼거렸다. 여간해서 내게 꾸중을 하지 않으시는 어머니의 불호령이 떨어졌다. 어머니는 회초리로 방바닥을 치며 초달을 하셨다.

"너, 몇 끼 굶었으냐?"

"한 끼 굶었습니다."

"그 한센병 환자는 이틀을 굶었다고 했다. 그래도 할 말이 있느냐?"

나는 전류에 감전된 듯이 번쩍 정신이 들었다.

"어머니, 잘못했습니다. 다시는 그러지 않겠습니다."

나는 어머니 손을 붙들고 아프게 울었다. 그 이후로 나는 한 번도 어머니의 꾸중을 듣지 않았고, 지금도 음식 투정 같은 것은 못하고 산다. 내가 좋은 음식상을 받고 앉았을 때에, 이 세상 어딘가에 있을 굶주리는 사람들의 얼굴을 떠올리며 긴 기도를 드리는 것은 어머니의 그 간곡하셨던 가르침 덕이다.

또 한 가지 강렬한 기억이 있다. 동네 젊은이들치고 우리 어머니를 좋아하지 않는 이가 없었지만, 어느 형님 한 분은 정도가 심할 정도로 어머니를 섬겼다. 그 까닭을 1971년 2월 5일 어머니의 장례식이 끝난 후에야 알았다. 그 형님이 비로소 고백했다.

오래전 아버지 사업이 잘되어 우리 집이 유복하던 때였다. 면사무소에 볼일이 있어 외출하셨던 어머니가 중도에 도장을 잊고 온 걸 아시고는 귀가하셨다. 그때 쌀 한 가마니를 훔쳐 지고 일어서는 그 형님과 대문께에서 마주치셨다. 그는 마당 바닥에 엎드려 손이 발이 되도록 용서를 빌었다. 어머니는 그를 붙들어 일으키셨다.

"이 흉년에, 오죽했으면 착한 자네가 쌀 훔칠 생각을 했겠나. 그 쌀 그냥 지고 가게."

그 형님은 어머니 말씀을 이기지 못한 채 쌀을 지고 집으로 갔다.

"그때 그 쌀이 아니었으면, 우리 식구들은 굶어 죽고 말았을 걸세."

그 형님의 음성은 깊은 감회에 젖으며 심히 떨리고 있었다.

이웃의 고통을 아시고는 청년의 절도 행위를 돌아가실 때까시 발설치 않으신 우리 어머니, 그분은 참다운 사랑의 어머니셨다. 진주 강씨姜氏 수壽자 희喜자 우리 어머니의 성함을 이 기록 속에 작게 남긴다.

어머니는 파란에 찬 내 삶을 통째로 지탱케 한 정신적 지주요 크신 스승이셨다. 내가 학문과 교육을 하는 틈틈이 물질과 사랑의 결핍으로 신음하는 이웃을 찾아다니며 작은 정성을 쏟을 수 있었던 것도 어머니께서 생전에 본보이신 그 사무치는 이웃 사랑 덕분이다. 유승룡 이사장이 만든 초원장학회(초원봉사회)의 지도 위원과 고문으로 참여하게 된 것이 한 예다. 내가 방학을 이용하여 학생들과 함께 가나안농군학교에 가서 김용기 장로님의 사랑과 헌신의 가르침을 배워 오거나 교도소에 상담자로 다녔던 일도 어머니의 귀하디귀한 정신적 유산이다.

어머니는 고향 사람들을 사랑하셨고, 그분들의 사랑을 한없이 받으셨다. 어머니 장례식 때 고향 하늘에는 어머니를 추모하는 깃발 67개가 펄럭였고, 수많은 사람들이 애도의 행렬을 이루었다. 그 장관은 사람이 어떻게 살아야 하는가를 보여 주는 산 교훈이었다.

"우리 아들딸들이 잎이 되고 꽃이 되며, 만인에게 우러름과 칭찬을 받는 사람이 되게 하여 주옵소서."

어머니의 끊임없는 기도였다. '만인에게'를 '하나님께'로, '우러름과 칭찬을 받는'을 '만인을 사랑하고 칭찬하는'으로 바꾸면, 아름답고 거룩한 기도가 될 것이다.

돌이키면, 걸인에게도 밥상을 차려서 대접하셨던 어머니의 사랑과 기도에 만분의 일도 미치지 못하는 삶을 살았다. 참회하며 거듭 기도할 뿐이다.

(1997 초고, 2022. 9. 5. 축약.)

스승님 이야기 1

우리가 어려운 인생의 고비고비를 넘어 험한 세상에서 바로 살아 가는 데에는 자기의 노력과 함께 훌륭한 부모와 스승의 훈도가 필요하다. 나 같은 시골 출신이 서울 한복판에서 의식주 걱정을 하지 않고 큰 허물 없이 살게 된 것은 이 3박자의 조화에 크게 빚지고 있는 작은 기적이다. 그 중에도 내게 학문적 성취를 넘어 사람 되는 길을 깨우치고 귀감이 되신 스승님들의 훈도는 마음속에 한량없는 은혜와 감동으로 남아 있다.

나의 첫 번째 큰 스승님은 진동초등학교 박찬동 교장 선생님이시다. 선생님은 4학년 때에 우리 학교 제2대 교장으로 오셨다. 그 때 우리 학교에는 처음으로 '교훈'이라는 것이 생겼다.

나의 힘으로 남을 위하여 힘껏 일하자

길고 색다른 교훈이었다. 교장 선생님은 어린 우리에게 이타주의 교육을 하셨다. 월요일 교정 조회의 훈화는 "각자 힘써 공부하고 능력을 길러 다른 사람이 이롭도록 헌신하고 살다 보면, 우리 모두가 바람직한 사람이 되고, 나라 전체가 훌륭하게 된다. 훌륭한 우리나라 사람들이 딴 나라 사람들을 위하여 일하면, 온 세상이 살기 좋은 곳으로 변한다. 모두들 이 점을 명심하고 바르게 살아라." 이런 말씀이었다.

 어느 날 저녁에 교장 선생님께서 부르셨다. 산 너머 마을에 사시는 박 선생님을 모셔 오라고 하셨다. 숙직인데 안 오신다는 말씀이었다. 나는 무섭기가 엄습하는 산길을 혼자서 걸었다. 올 때에는 선생님과 동행할 생각으로 거의 뛰다시피 밤길을 재촉하였다. 가녀린 초승달이 작으나마 위안이 되었다. 상기된 마음으로 선생님 댁에 도착하였다. 그러나 선생님은 읍에 볼일이 있어서 가셨기에, 부득이 혼자서 돌아올 수밖에 없었다. 가파른 고갯길은 그날따라 다락같이 높아 보였다. 발부리에 부딪혀 구르는 돌멩이 소리에도 신경이 곤두섰다. 무서운 산짐승이나 처녀 귀신이라도 만나지 않을까, 사위스러운 마음에 떨며 험한 밤길을 냅다 뛰었다. 무섭기를 떨치기 위하여 나는 갑을병정무기경신임계, 자축인묘진사오미신유술해, 태정태세문단세예명선중인…, 가나다라마바사…, 이것저것을 주워섬기며 달리고 또 달렸다. 여리디여린 초저녁 달이 더 서러워 보이는 밤이었다.

 돌아와 교장 선생님께 전말을 고해 올렸다. 선생님께서는 그냥 "수고했다."고 심드렁히 대하셨다. 6학년 졸업식이 끝난 직후에 교장 선생님께서 부르셨다. "너, 밤에 혼자서 산 너머 마을에 심부름 갔다 온 일을 기억하느냐?"고 물으셨다. 그리고는 교장 선생님께서는 그 숨은 뜻을 일러 주셨다. "마음이 여린 너에게 담력을 길러 주려 한 것이다."

박찬동 교장 선생님께서 가르치신 이타주의 정신은 내 일생을 지배해 온 삶의 지주였다. 그 가르침을 따르다 보니, 손해 보는 일이 적지 않았다. 힘에 부쳐 좌절감이 엄습할 때마다 교장 선생님의 '체험 학습'이었던 밤길 심부름을 상기하면서 살아 올 수 있었다. 나는 미련하기 짝이 없는, 바보 같은 그 길을 미련한 소처럼 묵묵히 걸어 왔다. 놀랍게도 이런 나를 완벽하게 이해하신 분이 계셨다. 성심여자대학교(현 가톨릭대) 김재순 총장 수녀님이셨다. 우직하게 살다 보니, 궂은 일을 도맡아 하다가 과로로 병원 신세까지 져 가며 교육과 학문의 길을 묵묵히 걸어 왔다. 나의 이런 마음을 김 수녀님만은 알아 주셨다.

사람은 대체로 원색적 이기주의자다. 이를 초월하여 이타주의자가 되라신 스승님의 훈도를 실천하려고 분골쇄신하였을 뿐이다. 후회는 없다.

필자는 그리운 박 교장 선생님을 성심 여대 교수 시절에 서울에서 뵈었다. 그때 필자가 펴낸 한국 페스탈로찌 수기집《길을 밝히는 사람들》(1982)을 보시고 극구 칭찬하셨다. 김재순 총장 수녀님은 선종善終하시기 이틀 전에 몸소 전화를 주시며 마지막 기도를 부탁하셨다.

  한 사람의 훌륭한 교육자는 제자들의 일생은 물론 나라의 진운 進運까지도 바꾸어 놓는다. 인생 황혼 녘에 서니, 옛 은사님들의 훈도가 한량없이 가슴에 사무쳐 온다. 아울러 신앙의 색깔을 가리지 않고 나의 진심을 끝까지 믿어 주신 김재순 수녀님이 사무치게 그립다.

참 좋으신 아버지

　한 가정에서 좋은 부모와 좋은 자식이 만나는 것은 최상의 조합이다. 좋은 부모 밑에 몹쓸 자식이 나고, 좋은 자식에 몹쓸 부모가 있는 경우도 없지 않다. 불행한 일이다.

　나는 아름다운 고향의 좋으신 부모님 밑에서 자란 것을 늘 자랑스러워하며 산다. 비록 거친 음식이기는 해도, 끼니를 거른 적이 없게 해 주신 부모님께 늘 감사한 마음이다. 학비가 없었으나 열심히 공부하여 장학금을 받으며 박사 과정까지 이수했으니, 궁핍은 나의 도전욕을 불붙이는 촉매였다. 부자라야 꼭 좋은 부모인 것은 아니라는 이야기다.

　아버님의 가정 교육은 지금 생각해도 절묘했다.

　"갈림길에서 손윗 사람이 먼저 가시게 해야지, 그 앞을 먼저 가로지르는 것은 무례다. 말은 하기 전에 다시 한 번 생각할 것이며, 들을 사람의 처지를 배려해야 한다. 남의 말이 뜻에 차지 않더라도 정중히 경청하는 자세를 갖추는 것이 중요하다."

　아버님은 《천자문》과 함께 《명심보감》을 사다 주셨다. 나는 유성기에서 흘러나오는 판소리 〈춘향가〉의 구성진 가락에 젖으며 천자문을 익혔다. 이몽룡 역을 훌륭히 소화해 내는 임방울 명창의 '천자 뒤풀이'를 따라 부르며 한자 공부를 했다.

  천개자시 생천하니 태극이 광대 하늘 천. 지벽어축시하니 오행팔괘로 땅 지. 삼십삼천 공부공하니 인심지시 감을 현. 이십팔수 금옥수화 토지정색의 누를 황……삼황오제가 붕하시니 난신적자 거칠 황.

 이를 바탕으로 음양 오행의 원리와 작용을 가르치는 《주역》의 기본 원리에도 접할 수 있었다. 처음에는 무턱대고 외기만 하였던 천자문이 우주 만상의 원리와 진리를 깨우치는 윤리, 역사, 철학 교과서인 것은 한참 후에야 깨달았다. "잘못이 있으면 반드시 고치고, 배운 것은 잊지 말아야 한다. 남의 단점을 입에 담지 말고, 자기의 장점을 너무 믿지 말라. 냇물은 쉬지 않고 흐르며, 연못은 맑아 그림자를 비추듯 얼굴은 생각과 같게 하고, 말은 안정되게 하여야 한다." 같이 천자문은 4언 고시의 짧은 시 형식에 주옥 같은 내용을 담고 있었다.

 《명심보감》은 어떤가. "자기를 귀히 여김으로써 남을 천대하지 말고, 자기의 큼으로써 작은 것을 업신여기지 말며, 자기의 용기를 믿음으로써 적을 가벼이 보지 말라. 나를 선하다 하는 자는 나를 해치는 자요, 나를 악하다 하는 자야말로 나의 스승이다. 남을 헤아리려 하는 자는 반드시 먼저 스스로를 헤아려 보라. 남을 해치는 말은 먼저 자신을 해치나니, 피를 머금어 남에게 뿜으면 먼저 그 입을 더럽히느니라. 은혜를 베풀었거든 보답을 구하지 말고, 남에게 주고는 후회하지 말라. 남을 책망하는 자는 사귐을 온전히 하지 못하고, 스스로의 허물을 용서하는 자는 허물을 고치지 못하느니라. 한때의 분함을 참으면 백일의 근심을 면하느니라. 손님이 오지 않으면 가문이 속되고, 학문을 가르치지 않으면 자손이 어리석게 되느니라. 군자의 사귐은 담담하기가 물과 같이 차분하고 고요하며, 소인과의 사귐은 꿀과 같이 달콤하다.

주옥 같은 금언들이다.

아버님은 이 《천자문》과 《명심보감》으로 내 글눈을 띄우시고, 윤리 교육도 하셨다. 타고나기로 '곧이곧대로'인 나는 아버님의 이 윤리적 지침을 그대로 실천하려고 애썼다. 그러다 보니, 어려서부터 고향 어르신과 선생님 들의 사랑을 독차지하였다. 내가 이 나이까지 세상에 크게 폐를 끼치지 않고 살아 온 것은 아버님이 주신 이 실천 윤리 덕분이다. 아버님은 사람이 되는 공부가 지식 공부에 우선한다는 교육관을 실천하셨고, 나는 그런 교육관에 따라 교육자의 길을 걸었다.

문제는 있었다. 어려서부터 윤리적 기준에 따라 살다 보니, 어느새 나는 애어른이 되어 있었다. 동네 아이들과 어울려서 과일 서리를 하는 등 비행을 저지르거나 시행착오의 쓴맛을 볼 기회가 없었다. '철없는 어린 시절'이 없는 애어른으로 살았다는 말이다. 이것은 나의 인성에 '완전벽'에 대한 강박 의식을 자라게 하였고, 공부나 사회 생활에 만점이 아니면 마음을 놓지 못하는 불안 의식을 키우는 동기가 되었다. 자연히 세상 사람들의 부도덕한 언행을 용납하지 못하게 됨으로써 사회 생활에 걸림돌이 되기도 했다. 이런 딜레마에서 나를 구제한 것은 기독교 신앙이었다. 형제의 눈에 든 티끌은 보면서 내 눈에 든 들보는 보지 못하느냐는 사랑의 윤리로써 나는 거듭날 수 있었다.

명실상부한 부자유친이었다.

유교의 실천 윤리를 강조하시는 교육관만 피상적으로 보면, 아버님은 무척 완고한 어른이실 것으로들 생각하기 쉽다. 하지만 아니다. 아버님은 자주 자식들의 '친구' 역할을 해 주셨다. 가을이나 겨울 긴긴 밤에 우리 집에서는 아버님과 자식들 간의 담소가 끊이지 않았다. 중국 고전 《삼국연의》는 시리즈로 다루었다. 간웅 조조가 자기를 대접하려고 칼 가는 친척을 의심하여 도륙하는 대목에서는 가슴을 쳤고, 적벽대전에서 참패한 조조가 줄행랑을 칠 때에는 쾌재를 불렀다. 조선 왕조 5백 년 야사도 우리 집에서는 연재물이었다. 저녁 식사가 끝나면 부자 간에 모여 앉아 이성계의 창업부터, 이방원의 살육 참극과 성군 세종의 업적, 세조와 사육신 이야기, 연산군의 패악 등으로 이어지는 한국사 공부는 별 힘들이지 않고 익숙한 과목이 되었다. 우리 집은 미상불 풍성한 인문 학당이었다.

집이나 토지 같은 물리적 유산은 없었으나, 나는 '아버님의 인문학과 어머님의 사랑'으로 요약되는 정신적 유산을 분에 넘치게 물려받았다.

만년을 어렵게 사시면서도 자식더러 돈 벌어 오라는 말씀을 한 번도 아니 하신 아버님. 현자賢者이시며 예언자적 직관력을 갖추셨던 참 좋으신 아버지셨다. 아버님 성함 치致자 경京자를 여기 작게 남긴다.

외손녀 박소연 어릴 적 모습

창조적 상상력과 집중력

 창조적 상상력의 순위는 만화가, 시인, 과학자라 한다. 여기서는 주로 과학자 두 사람의 창조적 상상력에 대하여 생각한다. 시라쿠사 사람 아르키메데스(BC 287~212)와 영국 사람 뉴턴(1642~1721) 이야기다.

 아르키메데스는 물이 꽉 찬 목욕탕에 몸을 담그자 일정량의 물이 넘치는 것을 보고 '아르키메데스의 원리'를 정립했다. 액체나 기체 속에 있는 물체는 그 액체나 기체의 부판만큼의 뜨는 힘, 곧 부력의 법칙을 알아낸 것이다. 아르키메데스가 그 원리를 깨달은 순간 알몸으로 뛰어나오며 '유레카'(알아내었다)라 외친 이야기는 유명하다.

 뉴턴은 사과가 땅으로 떨어지는 것을 보고 만유 인력의 법칙을 알아내었다. 아인슈타인이 상대성 원리로 이를 수정하였으나, 그것이 뉴턴의 법칙을 무효화하는 것은 아니다.

 이 두 사람이 이 같은 발견을 하기 전까지 목욕탕 물은 수없이 넘쳤고, 무수한 사과가 떨어졌다. 그런데 왜 그때에야 비로소 새로운 원리와 법칙을 알아낸 것일까? 그들의 잠재의식 속에는 상식을 뒤집는 새로운 원리와 법칙을 깨치고자 하는 목타는 갈망이 용솟음치고 있었을 것이다. 자연 현상에 대한 부단한 집중력이 그런 발견을 가능케 하였을 것이다. 아르키메데스의 집중력은 특히 경이로운 것이었다. 17세기 사람 뉴턴은 시대 상황으로 보아 그럴 만하다고도 하겠으나, 그보다 1,900년 전인 기원 전 3세기에 아르키메데스가 발견·발명한 과학과 수학 분야의 업적은 실로 경이롭다.

아르키메데스는 지렛대의 원리를 처음 알아내고, "지렛대와 받침점을 주면, 지구를 들어올리겠다."는 유명한 말을 남겼다. 그는 기계 공학 분야의 탁월한 발명가였다. 톱니바퀴의 원리를 알아내어 천체의 위치와 운동을 설명할 수 있는 플라네타륨을 만들었다. 물을 퍼 올리거나 곡물을 끌어올릴 때 쓰는 '아르키메데스의 스크류'라는 회전 장치도 고안해 내었다. 지금은 흔하디흔한 볼트나 너트도 그가 처음 만들었다.

그의 말년에 지중해의 작은 나라인 조국 시라쿠사가 로마의 공격을 받자, 왕의 요청으로 그는 여러 놀라운 병기를 만들었다. 그가 만든 투석기는 로마군의 것보다 열 배나 되는 타격력을 보였다. 그는 성벽 안쪽에 큰 기중기를 세우고, 기계식 쇠집게를 적선의 뱃머리에 걸고 배를 들어올려 통째로 뒤집어엎었다. 또 거대한 포물선 반사경으로 한 초점에 태양 광선을 집중시켜, 그 열기로 적선의 돛을 불살라버렸다.

아르키메데스가 최후의 순간을 맞이하는 모습은 진실로 아르키메데스다웠다. 그는 시라쿠사가 함락된 줄도 모른 채 한 도형을 골똘히 바라보며 문제 풀이에 열중해 있었다. 로마 군사 하나가 들이닥쳐 사령관에게 가자고 다그쳤다. 아르키메데스는 그 문제를 다 풀 때까지 조금만 기다려 달라고 했다. 병사는 참지 못하고 그의 배를 찔렀다. 고대의 가장 빼어난 수학자요 과학자는 이같이 무참히 희생되었다.

아르키메데스는 아무도 생각하지 못한 방법으로 원주율의 근사값을 계산해 내었다. 공 모양 물체의 표면적과 부피가 그 물체 밖에 외접外接하는 원기둥의 표면적과 부피의 3분의 2라는 것을 증명하였다.

아르키메데스 이야기는 1906년 덴마크 서지학자가 콘스탄티노플에서 찾아낸 양피지의 기록 〈뜨는 물체에 관하여〉를 해독하면서 알려졌다. 그 양피지에는 원래 씌어 있던 아르키메데스의 글을 지우고 쓴 한 수도사의 기도문이 실려 있었다. 지운 자국을 복원해 보고서야, 그것이 본디 아르키메데스의 그리스어 필사본이었음을 알 수 있었다.

창조적 상상력은 무한대로 자유로운 시간과 공간에서 기존의 고정 관념을 혁파할 수 있는 사람에게 주어지는 큰 선물이다. 창조적 상상력의 향유자는 자유로이 상상할 뿐 아니라, 집중력이 고도화, 습관화한 사람이다. 아르키메데스는 목숨을 돌보지 않을 만큼 무서운 집중력으로 놀라운 발견과 발명을 하였고, 에디슨(1847~1931)은 나무 의자가 닳을 정도로 집중력을 발휘하여 1,000종이 넘는 특허품을 발명하였다. 그의 발명은 전자 공업의 바탕이 되었다.

자발적인 집중력, 이것이야말로 창조의 계기가 된다. 새로운 문제를 자나깨나 생각하고 집중하여 노력을 기울이다 보면, 창조의 순간은 기적처럼 찾아오게 된다. 창조에는 시행착오가 필요하므로, 문제에 답이 잇달아 제시되는 조건 반사적 학습 경험과는 차원이 다르다.

세계적으로 성공한 사람들 중에는 놀라운 집중력을 보인 사람이 적지 않다. 도요다 자동차의 사키가지는 정월 초하룻날이 된 것도 잊은 채 회사 일에 골몰했다. 프랑스 과학자 암페어는 자기 집 앞에 도착했다가 '부재 중'이라는 패찰을 보고 연구실로 돌아갔다. 심리학자 프로이트는 약혼자와 한 달에 한 번씩 비엔나에서 만나기로 했으나, 코카인의 마약 성분 연구에 몰두하다가 깜빡 잊고 말았다. 이 일로 약혼자와는 영영 결별하고 말았다.

집중력은 창조의 촉매이며, 천재란 집중력이 탁월한 사람의 별명이다.

북으로 간 사람들

한반도의 남북 분단은 세계사적 비극이다. 1천만 이산 가족 대다수가 한을 품고 살다가 숨졌다. 잠시 피해 있다가 돌아가겠다고 했던 약속을 7십 년간 못 지키고 있다. 6·25 전쟁을 전후하여 자진 월북했거나 납북된 인사들 이야기는 우리의 가슴을 저민다.

월북한 최고 정치 거물은 박헌영과 이강국이다. 박헌영은 남로당 당수로서, 정판사 위조 지폐 발행 사건 책임자로 1949년 11월에 월북했다. 이강국은 독일 베를린 법과 대학에서 공산주의를 제대로 공부하고 온 핵심 공산주의자다. 문학가 임화·김남천·이태준 등이 뒤를 따랐고, 이육사의 막냇동생 이원조와 시인 오장환도 북으로 갔다.

이강국의 애화哀話가 있다. 연인 김수임과 얽힌 이야기다. 이강국의 연인 김수임은 이화여자전문학교 영문과 출신으로, 광복 직후 미 군정청에 근무했다. 남로당 간부 이강국의 요청으로 미군의 기밀 정보를 빼돌려 이강국에 전달하다가 발각되었다. 이강국이 월북한 뒤에 김수임은 처형대에 섰다. 1950년 6월 25일 북한이 남침한 6·25 전쟁 때 이강국이 서울에 도착한 것은 6월 28일이었다. 김수임을 애타게 찾았으나, 5일 전인 23일 김수임은 이미 처형되었다. 김수임의 처형일을 6월 28일이라 한 기록이 있으나, 신빙성이 없다. 그 날은 북한 군의 서울 점령일이다. 모두 입으로 전해지는 불확실한 이야기다.

북으로 간 사람들의 뒷소식은 십중팔구 비극적이다. 국학의 태두 정인보 선생은 노령산맥에서 비참하게 운명했다. 미군 폭격으로 희생되었다는 북한의 발표는 그 책임을 미국에 돌리려는 기만책이라고들 한다. 〈향수〉의 시인 정지용은 1967년까지 황해도 사리원 양계장 인부로 일하였다는데, 그 뒷소식은 알려진 게 없다. 〈임꺽정〉의 작가 홍명희는 부수상, 〈고향〉을 쓴 이기영은 최고인민회의 부의장, 안함광은 김일성대학 교수, 조영출은 교육문화성 부상을 지냈다. 이들 외에 월북했거나 납북된 사람들은 불우하거나 참담한 최후를 마친 것으로 알려져 있다.

6·25 전쟁이 휴전에 들어간 후인 1953년 8월에 들어 남로당 당수 박헌영과 그 수하 이강국·임화(임인식)는 '미제국주의자들의 스파이'로 몰려 처형되었다.

1988년 서울올림픽 때 왔던 남로당(남조선노동당, 1946. 11. 서울에서 결성) 지하 총책 출신 박갑동은 이들의 처형 상황을 생생히 들려준 바 있다. 그가 전한 임화의 최후는 사람의 평상심으로는 받아들이기 어려울 만큼 참혹했다. 북한 당국자들은 임화를 물통 속에 담가서 묶고, 거기 앉아서 먹고 배설하게 했다. 임화는 그런 극한 상황을 이겨내지 못하고, 자기는 미 제국주의자들의 스파이이며, 박헌영을 비롯한 동지들도 마찬가지라는 당국자들이 쓴 조서에 서명하고 말았다. 김일성은 6·25 전쟁 실패에 책임 질 희생양으로 남로당원들을 처단했던 것이다. 임화의 두 번째 아내 지하련(본명은 이현욱)이 만주에서 평양으로 달려갔으나, 남편의 시신조차 돌려받지 못한 채 치마끈을 물고 거리를 헤매다가 행려병자로 최후를 맞았다. 한때 '개 같은 양키놈들'이라고 저주의 시를 썼던 임화의 죽음은 역사의 아이러니다. 이데올로기란 대체 무엇인가.

이 소식을 전한 박갑동은 남로당 숙청의 낌새를 눈치채곤 급히 러시아로 탈출했고, 다시 일본으로 건너가 성명을 바꾼 채 살았다고 한다.

월북한 화가요 문필가인 김용준은 1967년 평양에서 스스로 목숨을 끊었다. 김일성 사진이 실린 신문을 집 앞에 버린 것이 화근이었다. 월북 소설가 이태준은 반동 작가로 지목되어 숙청당했고, 다섯 자녀도 비참하게 살았다. 〈나와 나타샤와 흰 당나귀〉를 쓴 시인 백석은 집필을 금지당한 채 집단 농장으로 추방당했다. 백석은 만주에서 북으로 간 사람이다. 대한민국에서 공무원이었다가 납북된 2천 명은 모조리 총살당하여 집단 매장되었다.

내 고향 애사도 있다.

박금태라는 친구 형이 있었다. 그는 6·25 전쟁 때 북한 의용군으로 나갔다가 국군 포로가 되었다. 휴전과 함께 유엔군은 거제 포로 수용소 포로들에게 선택권을 주었다. 대한민국이냐 북한이냐, 아니면 제3국이냐를 선택할 자유를 포로들은 행사할 수 있었다. 박금태 형은 북한으로 갔다. 이 소식을 들은 그의 어머니는 끝내 실성하고 말았다. 아들이 두고 간 바지를 붙들고 온 산천을 헤매다가 숨을 거두었다. 슬픈 일이다.

자본주의와 공산주의 이념 중 어느 하나를 택하였던 것은 20세기 중엽 한때의 일이다. 그런 이데올로기가 저문 21세기에 남과 북이 원수처럼 으르렁거리며 서로 왕래조차 못 하는 것은 난센스다. 북으로 간 사람들의 후손들과 남쪽 후손들 시대인 21세기에는 그 슬픈 역사를 청산케 해 달라고, 역사의 신에게 우리 7천5백만 겨레가 손 모아 빌어야 할 때가 바로 지금이다.

여기서 거론되지 않은 절대 다수 사람들 이야기를 우리는 알지 못한다. 1951년 3월 19일 중화인민공화국이 발표한 바로는, 서울 시민 5만 8천 명이 북으로 갔다. 거의 다 납치당한 사람들이다. 그러나 최근에 발표된 통계는 8만 5천 명임을 밝힌다.

이데올로기 싸움은 가진 자the haver와 못 가진 자the unhaver의 극한 대결에서 시작되었다. 유심론唯心論과 유물론唯物論, 영성靈性spirituality과 물성物性·수성獸性brutality의 싸움이다. 자유냐 평

등이냐를 따지는 생각의 분열이 문제다.

　가진 자, 영성과 자유의 주인공들이 못 가진 자, 물성과 수성과 평등의 외침을 듣고 베풀 때 문제의 실마리가 풀릴 것이다. 나누는 곳에 평화가 있다. 움켜 쥐고 이웃을 돌보지 않을 때, 이 땅에는 시대착오적인, 변용된 프롤레타리아 혁명이 불붙을 수 있다.

　남북 이산 가족의 아픔을 치유하고 겨레를 화평케 하는 첫걸음은 나눔이다. 사랑이다.

의사와 간호사

2019년 12월 중국 우한에서 시작된 신종 코로나 역병으로 전 인류가 공포에 사로잡힌 가운데, 의사와 간호사 들의 눈물겨운 헌신에 우리 모두가 감동하고 있다. 우리 역사에서 의료인들의 중요성이 이렇듯이 크게 부각된 적이 없을 것이다.

요즈음 의사 되기는 하늘의 별 따기다. 자연계 교과 성적 최상위급 학생이라야 의과대학생이 될 수 있으니, 의사가 우수한 인재인 것은 틀림없다. 예과와 본과를 합쳐 6년 공부를 해야 의학사 자격이 주어지고, 인턴과 레지던트를 거칠 뿐 아니라 의사 자격시험, 전문의 시험에 합격해야 의사 구실을 제대로 할 수 있다. 청춘의 황금기를 오롯이 공부와 수련에 바치는 이가 의사다. 밤잠을 설쳐 가며 환자를 보살피는 간호사는 또 어떤가.

의사는 의학 지식과 의술뿐 아니라 높은 도덕성을 요구받는다. 심지어 슈바이처나 장기려 박사 같은 성의聖醫가 되기를 세상은 바란다. 가장 바람직한 의사는 교육자와 함께 고등 종교의 성직자에 버금가는 거룩한 사람이다.

평생 병치레를 하며 살아 온 나는 많은 의사와 간호사 들의 보살핌을 받았다. 수술이 끝나고 마취에서 깨어났을 때, 나를 살아 있게 해 준 의료진의 분투에 늘 감사하지 않을 수 없었다.

지금 우리나라는 의료 선진국이고, 의사와 간호사의 수준도 최상이다. 하루 종일 수많은 환자들을 진료하면서도 미소를 잃지 않는 의료진은 하늘이 내린 사람들이다.

나는 우리 가톨릭대학교 의예과 학생들에게 '인간과 문학' 강의를 하면서 그들이 '성의'가 되라고 늘 당부했다. 이광수의 장편 소설 〈사랑〉을 읽혔다. 작중 인물인 거룩한 의사 안빈과 사랑 덩어리 간호사 석순옥 같은 봉사자가 되라고 당부했다. 내 사랑하는 제자들이 각자의 일터에서 모두 거룩하게 살고 있으리라고 믿는다.

지난날 우리나라 형편이 열악했을 때에 내가 만났던 의사들 가운데는 여러 유형이 있었다. 상담자형, 성자형, 권력자형, 수사관형, 상인형, 냉담자(로봇)형 등이다.

상담자형 의사는 환자의 아픈 호소를 정성되이 들어 줌으로써 그를 감동시킨다. 허준이 말한 바 심의心醫로서, 환자는 마음으로 우선 치유의 길을 더위잡게 된다. 이에서 몇 걸음 더 나아간 곳에 성의聖醫가 있다. 자신을 희생해 가며 환자 살리기에 전심전력하는 성자 같은 의사 말이다. 장기려 박사와 슈바이처 박사가 그런 의사다.

이와 대척점에 있는 부당한 의사도 있었다. 권력형 의사는 환자를 장수가 병졸 다루듯 한다. 환자에게 지레 으름장을 놓아 아예 입도 벙긋 못 하게 윽박지르는 겁박형이다. 환자는 아예 주눅이 들고, 때론 초죽음이 되어 비실비실 물러난다. 이래서는 병이 낫기는커녕 덧나지 않으면 다행이다. 그런 의사의 얼굴에서는 미소의 그림자도 찾아 보기 어렵다. 평생 웃어 본 적이 없는 듯이 경직된 얼굴에 목에는 잔뜩 힘이 들어 있다. 환자의 나이를 가리지 않고 반말까지 한다. 교만의 극치다.

수사관형 의사는 환자를 피의자 심문하듯 대한다. 환자가 병의 증세를 말하면, 그게 말이 되느냐는 듯이 의혹의 눈총을 쏘며 위아래를 훑어 본다. 환자의 말 꼬리를 잡아 모욕적으로 힐난한다. 그의 면돗날 같은 말 칼에 베일 것 같아 환자는 잔뜩 겁에 질려 움츠린다. 소통이 차단된 이런 상황에선 진료실에 공포심과 모멸감이 가득 찬다. 한 20년 전 일이다. 목 안에 통증이 있어서 이비인후과를 찾았다. 목을 한껏 내밀고 뒤로 한껏 젖히라 했다. 시킨 대로 했더니, 의사가 벼락같이 고함을 질렀다. "목이 짧은 당신 같은 사람은 치료 안 해.", 반말이었다. 의사를 닮았는지 간호 보조원도 '적개심'으로 대했다. 다른 병원 고마운 의사께 치료받고 완쾌되었다.

드물게 악덕 상인형 의사가 있었다. 오래전 일이다. 중이염이 심하여 이비인후과 의원엘 갔다. 의사는 귓속에 약을 바르고 솜을 잔뜩 틀어막았다. 8월 더운 날씨에 귀를 막아 둬도 되느냐고 물었더니, "당신이 의사야?" 하고 반말로 면박을 주며 쫓아내었다. 귀에 통증이 더 심하여 대학 병원엘 갔더니, "누가 이런 진료를 했느냐?"며 역정을 내었다. 그때에 당한 고통을 생각하면, 지금도 마음이 편치 않다. 진료 횟수를 늘리려는 악덕이었다. 요즈음도 비싼 의료기 구입비를 충당하기 위하여 방사선 촬영을 남발하는 병·의원이 있다는 소문이 사실이 아니기를 바란다.

냉담형 또는 로봇형 의사는 비정하고 무심해 보이는 사람이다. 진료 행위 일체가 기계적 절차에 따라 진행된다. 환자와 눈도 마주치지 않은 채 처방을 내리고, 환자도 간호사와 사무원의 지시에 따라 행동하게 된다. 진료가 단순하고 깔끔하다. 그런데 환자의 마음은 허허롭다. 뭔가 채워지지 않은 갈증 같은 것이 남는다. 앞으로 로봇 검사원, 로봇 치료사, 로봇 의사의 진료가 일반화할 세상에서 환자들은 사뭇 인정에 목마르게 될 것 같아 걱정이다.

간호사는 어떤가?

간호사들의 근무 여건은 열악하다. 밤잠을 설쳐 가며 천차만별인 환자들을 돌봐야 하는 그 업무는 과중하다. 그런 가운데도 미소 띤 얼굴로 환자들을 보살피는 간호사들의 모습에서 우리는 감동을 받는다. 내 병을 돌봤던 이 땅의 간호사님들 절대 다수는 천사였다.

아마도 대부분의 의사와 간호사 들은 환자에 대한 측은지심과 사랑이 식으려 할 때, 스스로의 마음에 채찍질을 하며 살 것이다. 교육자가 학생들을 미워하는 순간에 자신을 호되게 채찍질하는 것과 같다.

인간 실존이 본디 외롭고 고단하지만, 병든 사람은 특별히 불쌍한 존재다. 이들의 아픔을 치유하는 의사와 간호사는 하늘의 축복으로 선택받은 사람들이다. 돈과 명성을 넘어서는 아가페적 사랑으로 병든 이의 아픔을 어루만져 주는 의사와 간호사는 복된 사람이다.

요즈음 대학 병원 의사·간호사 들은 매일 밀려 드는 환자들을 돌보느라 격무에 시달린다. 화장실 갈 틈도 없는 경우도 있다. 그렇다 보니, 환자 1인당 평균 3분이 할애되기 일쑤다. 그 3분 동안이나마 미소를 잃지 않고 성심을 다하는 의사와 간호사 들에게 축도를 보낸다. 아닌 게 아니라 우리나라 의료진의 신속한 3분 진료가 거두는 성과는 대단하다. OECD 의사의 연간 진료인 수는 평균 2,171명인데, 우리나라 의사는 7,080명을 진료한다. 우리나라 의료 수준과 의료 체계, 치료 속도는 세계적이다.

나는 우리 가톨릭대학교 서울성모병원에서 네 가지 병으로 치료받고 있다. 모든 의료진이 베푸는 친절과 사랑에 감동하고 산다. 각별히 이선영 수석 치위생사의 헌신은 감격적이다. 복 받을 일이다.

이 지구상에서 잠시 머물렀다 가는 인생이다. 이왕이면 사랑하며 살다 가는 이는 복되다. 의사, 간호사 만세.

덧붙인다. 필자의 집안에도 의사 여섯이 있다.

그리운 사람 서한샘 선생

유명한 어느 선배 평론가는 사사로운 인간 관계에는 영 담을 쌓고 살았다. 신문과 방송 기자 등 언론 관계 인사 외에 그 선배가 만난 사람은 아마 손꼽을 정도였을 것이다. 언젠가 어렵사리 기회를 얻어 그 까닭을 여쭈었더니, 놀라운 답이 돌아왔다. 사람 만나기가 무섭다는 것이었다. 나도 그 말씀에 일면 공감했다. 사람이면 무턱대고 좋아하다가 무서운 사람 넷을 만나 '죽음 체험'을 하였기 때문이다. 그렇다 해도 그 선배의 '외톨이 인생관'에는 동의하기 어렵다. 일체의 경조사에 얼굴을 내민 적이 없는 그분의 외곬은 경이롭기까지 하다. 그분은 그런 인간 관계를 깡그리 묵살한 덕에 한국 문학사에서 아무도 근접할 수 없는 큰 업적을 남기셨다. 그런데 나뿐 아니라 대다수의 선후배 동료와 제자 들 중에 그 선배가 그립다고 말하는 사람은 만난 적이 없다. 2백여 권의 저서만 남고, 사람을 잃었다. 그립지 않은 선배다.

반면에 마음이 시리도록 그리운 사람이 있다. 그는 곡진한 사랑을 가슴 깊이 묻어 둔 연인이 아닌, 대학 후배 서한샘 선생이다.

그는 출판사 사장과 국회 의원을 지냈고, 문학 박사 학위를 취득하였어도 그에게는 '선생'이라는 칭호가 가장 적합할 것이다.

서한샘 선생은 앞에서 이야기한 평론가 선배와는 아주 대조적인 인물이었다. 그는 사람이 어떻게 살아야 하는가를 아는 사람이었다. 그는 국어 교육의 달인이었다. 그의 명강의는 텔레비전 방송을 탈 정도로 유명했고, 그의 뛰어난 외모와 품격은 전국의 학생과 학부모 들의 팬덤을 형성했다. 금전을 손에 쥔 그는 한샘출판사를 차렸고, 출판업과 학원은 승승장구하여 명성을 떨쳤다. 그가 만약 학원 운영자나 성공한 출판업자와 국회 의원의 길에 머물렀다면, 내가 그를 그리워하며 이런 글을 쓰는 일은 없을 것이다.

그는 늘 만면에 웃음을 머금은 호인이었다. 비범한 총명을 결코 자랑하는 법도 없었다. 뛰어난 화술의 주인공이었던 그는 자기 말을 좌중에 주입하려 하기는커녕 늘 상대방의 말을 잔잔히 경청했다. 재덕을 겸비한 인격자였던 그는 많은 이들을 사랑하며 많은 이들의 존경을 받았다. 그는 빈곤하거나 사정이 딱한 사람을 돕는 데 발 벗고 나섰다.

결손 가정이나 빈곤층 아동·청소년을 후원하는 초원봉사회(후일 초원장학회)에 내가 지도 위원·고문으로 참여해 있을 때였다. 이를 알게 된 서한샘 선생이 가만히 있을 리 없었다. 그는 한샘의 전 직원이 초원봉사회 회원으로 매월 지원금을 내게 하였고, 회지 《길》도 무료로 발간해 주었다. 내 제자의 취직 부탁을 들어 주는 등 나와 관련된 일에는 빠짐없이 도움의 손길을 내밀었다.

1982년 11월에 나는 특별한 책을 한 권 내었다. 이 땅의 페스탈로찌 수기집 《길을 밝히는 사람들》이었다. 초판은 아내의 곗돈을 털어 출판하였고, 출판사 한샘의 이름만 빌렸다. 이 책의 내용에 감동한 서한샘 선생은 재판 4천 부를 찍어 각급 학교와 도서관에 보급하였다. 지난 2016년 내 제자 박근혜 대통령이 탄핵되자, 어느 주요 일간지 기자가 '블랙리스트의 배후' 운운 하는 얼토당토않은 기사를 써서 나를 괴롭혔을 때, 제일 먼저 나를 찾아 위로한 이도 서한샘 선생이었다. 나와 관련된 이야기를 주로 하다 보니, 이 글이 아전인수격의 서한샘론으로 의심받을 수도 있겠다.

서한샘 선생의 스승님 모시는 자세는 극진하였다. 20세기 후반 이래 이 나라 최고의 스승이신 이응백 교수님을, 그는 부모님 모시듯 하였다. 한샘 출판사 건물의 사무실 하나를 이응백 은사님 연구실로 제공하여 극진히 모셨다. 그는 돈을 벌어서 어떻게 써야 하는가를 알고, 이를 실천하는 사람이었다.

1989년 이응백 은사께서는 전통문화협의회 회장으로서 대학의 대선배 유성규 시조시인으로 하여금 전민족시조생활화운동본부를 결성케 하셨다. 우리 근·현대 문학사상 제2차 시조부흥운동이었다. 기관지 《시조생활》의 발간 책임도 서한샘 선생이 기꺼이 맡았다. 한 해에 네 번 발간하는 계간지였으니, 출간비도 만만치 않았다. 이 단체가 성장하여 지금은 사단법인 세계전통시인협회로 발전하여, 세계 전통 시인들과 교류하며 우리 고유의 전통 시인 시조를 세계화하는 운동을 펼치고 있다.

서한샘 선생이 국회 의원이 되어 교육 분과에서 활동하게 된 것은 서울대학교 사범대학(국어교육과)의 자랑일 뿐 아니라 이 나라 교육의 장래를 위하여 유익한 일이었다. 초선 의원 4년의 임기가 끝나더니, 그는 느닷없이 진보 정당으로 옮겨서 출마했다가 낙선했다. 한가한 때에, 무슨 말 못 할 사정이 있어서 왜 갑자기 정당을 바꾸었는가를 알아 보려 했으나, 영영 기회를 놓치고 말았다. 설상가상으로 그가 설립하려던 '다솜방송'이 실패로 돌아가는 바람에, 그는 물질과 명성을 다 놓쳤다.

그는 어릴 때 집안의 몰락으로 갖은 고생을 하며 공부했다. 탁월한 두뇌와 학업 성적에도 불구하고 전국 명문인 제물포고등학교에 진학하는 대신 인천 동산고등학교 전액 장학생으로 학업을 마쳤다. 1964년 서울대학교 사범대학 국어교육과에 18대 1의 경쟁 시험에서 수석으로 합격했다.

어렵게 졸업한 후에 금전과 명성을 다 얻었으나, 만년에 쇠락했다. 마지막에 악성 종양으로 고생할 때에는 병원비 걱정을 해야 하는 형편이었다. 그와 가까운 동문 몇이서 십시일반으로 소액을 후원하기도 하였으나, 그것은 그가 우리에게 끼친 은혜에 비하여 티끌에 지나지 않았다.

2020년에 서한샘 선생은 75세를 일기로 하늘의 부르심을 받았다. 애통하나, 큰 고통 없이 영종令終하신 것은 마지막 복락福樂이었다.

언젠가 국회 의원을 다시 하지 않으려냐고 물었더니, 그는 세차게 손사래를 쳤다. 정치는 그에게 영 어울리지 않는 분야였던 모양이다.

인간 서한샘.

선생의 만년은 어려웠으나 특유의 품격으로 당당히 살아 내셨다. 그리운 이름 서한샘 선생이다.

내 제자 박근혜 대통령

2015년 말부터 이 땅의 많은 돌들이 단 한 사람을 향하여 날아들고 있었다. 그 돌들에는 독기의 뿌다구니가 돋아 있었고, 저주의 주문까지 뿜어져 나왔다. 신문과 방송 들은 갈까마귀 떼같이 지저귀며 단 한 사람을 막다른 절벽까지 몰아 갔다. 온 나라 사람들이 그를 향하여 손가락질을 했다.

나는 절대로 그럴 수가 없었다. 박근혜 대통령 얘기다. 그는 지금 22년 징역형을 받아 영어의 몸이 되어 있다. 그를 가르친 나의 마음도 감옥에 가 있다.

박근혜는 고등학교 2학년 때까지는 사학을 공부할 양으로 문과반에서 공부했는데, 3학년이 되면서 진로를 이과로 바꾸어 학년 수석으로 졸업했다. 정일권 국무총리의 따님 정성혜는 차석으로 졸업하여 서울대학교 자연과학대학으로 갔다. 두 사람 다 미래 사회가 요구하는 분야를 전공으로 선택했다. 박근혜는 전자 공학 공부에 잘 적응하여 서강대학도 과 수석으로 마쳤다.

박근혜는 학급 반장이었다. 아침 일찍 등교하여 커튼을 걷고 교실을 환기시켰다. 정직하고 겸손하며 소탈했다. 수업이 끝난 후 자주 뒷문을 열고 나와 복도에 서 있었다. 개별 질문 거리가 있어서였다. 고급 질문 거리여서, 수업 중에 물었다가는 선생이 난처해질 수도 있을 만큼 난도 높은 것들이었다. 선생의 입장을 배려한 처신이었다.

그는 검소했다. 한번은 낡은 교복 소매 끝을 쫀쫀히 꿰매어 입은 걸 보고 짐짓 힐난하듯 물었다.

"너는 대통령 따님인데, 새 옷 사 입을 여유도 없느냐?"

"꿰매어 입지 않으면 어머니께서 꾸중하십니다."

우문현답이었다.

박근혜는 영어와 불어를 학교에서, 스페인어·중국어는 교육방송으로 배워 유창히 구사했다. 그가 대통령이 된 직후 미국 의회에서 유창한 영어로 연설한 것이 그 증거다. 성심 학교 학생들은 미국이나 프랑스 출신 수녀님들께 '원어민 발음'으로 제1, 제2 외국어를 배우는 특혜를 누렸다.

외국어 실력뿐 아니라, 박근혜의 정치·경제·사회·문화 등 다방면에 걸친 독서 총량은 풍부하다. 박근혜 정부의 각부 장관들은 박 대통령 앞에서 지나치게 긴장하게 되는 것이 문제였다고 한다. 대통령이 소상히 알고 있기 때문이었다는 말이다. 박근혜 정부의 정홍원 첫 총리가 기자들 앞에서 한 증언이다.

박 대통령 문제가 터지자, 그를 모욕하는 목소리들이 여기저기서 터져 나왔다. 텔레비전만 보고 책 한 권 제대로 읽지 않는다는 둥 그가 마치 무식한 무지렁이인 것처럼 몰아 붙이며, 그의 인격을 땅바닥에다 패대기치는 사람까지 있었다. 이는 측근의 한 여성에게 연설문 작성 문제를 상의한 일로, 국민께 미숙하게 사과하면서 이런 비난이 사실인 양 오도되었다. 미국 루즈벨트 대통령도 보좌진의 연설문 초고가 나오면 손자뻘 되는 아이들에게도 읽게 하고, 국민 눈 높이에 맞는가를 점검했다고 한다. 청와대에 보좌관이 갖추어지기 이전의 일이었으나, 이유야 어떻든 연설문 초고가 외부로 미리 유출된 것은 문제였다.

　박 대통령이 나랏일 처리에 게을렀다는 비판도 나는 받아들일 수 없다. 그는 결코 그렇듯이 불성실한 사람이 아니다. 정직, 근면, 성실한 사람이다. 측근에서 그를 도왔던 보좌관들이 "대통령은 일에 묻혀 사는 사람이었다."고 입을 모았다.

　문제는 세월호 침몰 사고에 대한 대응에 있었다. 그때에 청와대의 대응 시스템이 어떻게 작동하고 있었는지 나는 알지 못한다. 일의 위급성과 중대성을 감지하지 못한 정보 체계에 문제가 있었던 것은 분명해 보인다. '그렇게 큰 여객선이 설마 침몰하겠는가? 해양 경찰이 구조에 만전을 기하겠지.' 하고 안일하게 생각한 게 아니었나, 짐작만 할 뿐이다. 아닌 게 아니라 한때 대통령은 "전원 구조되었습니다."라는 오보까지 받았으니, 한심한 정보 시스템이었음은 변명할 여지가 없다.

또 한 가지. 현대의 '쇼맨십 정치 행위'와는 전혀 어울리지 않는 박근혜 대통령의 고전적 통치 스타일이 국민적 오해를 불러일으켰다. 청와대 비서실장도 첨단 음성·영상 매체가 백화제방인 이 시대 정치 문화와는 물과 기름과의 관계에 있는 분이었고, 검사 출신 민정 수석도 고전적 검찰의 임무에 충실한 수재였으리라 짐작된다. 요컨대, 박근혜 대통령은 쇼맨십과는 타협하기 어려운 인물이다. 그가 만약 쇼맨십에 능한 정치인이었다면, 세월호 사고 초기부터 산발한 머리로 영상 매체 화면에 나와 국민을 위로하고 감동케 하였을 것이다. 그러지 못하는 성품이라는 점에서 그는 이 '교활한 시대의 정치인'으로서는 적합하지 않은 인물이다.

그렇다고 하여, 박근혜 대통령이 세월호 비극의 시간에 남성과 밀회를 즐겼다는 등의 비루한 공격은 그의 성결한 인품을 모독하는 어처구니없는 명예훼손이요 죄악이다. 내가 아는 박근혜는 그런 사람이 아니다.

21세기는 어지러운 시대다. 어느 나라 정치건 정상이 아니다.

1968년 이후 대두된 포스트모더니즘 문화는 정치의 풍속도를 바꾸어 놓았다. 다매체 시대의 포스트모더니즘 문화는 인류로 하여금 이미지를 소비하며 살도록 만든다. 이 시대의 영상 매체가 생산한 이미지는 실체가 없는 '참가짜pure simulacrum'인 경우가 많다. 이 가짜 이미지 덕분에 정계에 깜짝 등장하여 이탈리아 총리가 된 사람이 베를루스코니다.

　베를루스코니는 텔레비전 방송사 3개, 정치 주간지 2개, 주간지 60개, 월간지 16개, 잡지 34개를 소유했다. 이탈리아 시장 50%를 점유하는 광고 회사 체인, 극장 300개, 건설 회사, 증권 회사, 이탈리아 제2 백화점, 슈퍼마켓 체인, 거대한 신문 출판 그룹인 몬다도리를 운영하며 밀라노 축구팀까지 거느렸다. 그는 퇴폐적인 상업 방송 문화 전파에 앞장섰고, 부실 금융 거래를 하며 마피아와 연루되었다는 혐의도 있었다. 이탈리아 국민들은 전국 어디서나 매일같이 베를루스코니의 미화된 이미지를 소비했다. 베를루스코니는 '전진 이탈리아당Forza Italia' 창당 3개월 만에 정권을 잡았다.

　이 시대 사람들은 '의미'보다 '재미', 속살보다 겉모습을 택한다. 박근혜 대통령은 이런 '겉모습 꾸미기'를 본성적으로 거부했을 것이다. 이것이 그가 실패한 중요한 원인이었다는 내 분석을 박 대통령도 수긍할 것이다.

　광화문 촛불 군중과 언론과 대다수의 국민들이 박 대통령을 저주하고 비방할 때, 그를 변호하고 나서는 사람은 극소수였다. 염량세태라는 말이 있듯이, 세상 인심이란 본래 그런 것이라 해도, 그건 도를 넘는 비방이었다. 통탄할 세태였다.

　하기야 우리 국민의 샤머니즘적 흥분과 분노는 광화문을 발원지로 하여 전국을 집어삼켰다. 그것은 폭력 혁명적 공포여서, 그

군중적 분노의 파고 앞에 어느 담대한 사람이 나서서 박 대통령을 변호할 수 있었겠는가.

박 대통령은 어려서부터 많은 시간을 청와대 울타리 안에서 살아야 했다. 부모님 작고하신 후 청와대 밖에서 살 때에도 세상을 자유롭게 접하거나 많은 사람을 거리낌 없이 만나기 어려운 환경에서 살 수밖에 없었으니, 허물없이 사귀며 속정俗情을 나눌 사람이 과연 얼마나 있었을까? 그는 고독하게 살았을 것이다.

또 부모님을 원통하게 잃은 그에게는 사람을 신뢰하기 극히 어려운, 심각한 심리적 트라우마가 있었을 것이다. 아버지를 배신한 측근 인사의 행위는 경악할 충격 체험이었다. 그가 배신에 치를 떨며 전율하는 것은 지극히 당연한 인지상정이 아닌가. 박 대통령이 자신의 측근이었던 인사의 배신에 격노하여, 국민을 향하여 탁자를 치며 배신자를 심판해 달라고 한 것이 그 증거라 하겠다. 그 일이 4·16 총선에서 여당이 패배한 한 요인이 되었고, 마침내 탄핵의 파국에까지 이르게 한 것이 아닌가?

그가 여당 대표나 국회 의원들이 마음에 차지 않더라도, 자주 만나 당·청 협의체를 구축하며 국정을 운영하였더라면 하는 짙은 아쉬움이 있다. 그랬더라면 여당이 거친 야당과 합세하여 대통령 탄핵 의결에 동참하지는 않았을 것이다. 이 역시 정치 생리에 문외한인 나의 추측일 뿐이다.

박근혜 대통령 정부는 안보와 외교에는 안정성을 보였다. 북한의 목함 지뢰 도발로 우리 군인이 크게 부상하자, 개성 공단 인력 철수로 단호히 대응했다. 반국가적 변란 혐의가 사실로 드러난 통합 진보당을 해산 조치하고, 그 주동자 이석기를 단죄했다. 교육계의 부당한 구조를 정상화하는 일을 선도했고, 표를 잃을 게 뻔한 국민 연금 개혁에 메스를 대었다. 국가 경제는 견조한 성장세를 유지하고, 일자리도 꾸준한 증가세를 보였다. 야당의 극단 세력은 한때 '폐족'의 처지로 전락했다.

하지만 호락호락하게 쇠잔해 갈 그들이 아니었다. 호시탐탐 기회를 노리던 그들은 박 대통령이 이상한 여성과 연루되어 문화·체육 정책 일부가 사유화되었다는 언론 보도가 나가기 무섭게 노도와 같은 군중세를 과시하며 정권 뒤집기에 나섰다. 광화문 촛불 광장에는 단두대와 대통령 나체 합성 그림이 등장하고, 피 튀기는 '저주의 굿판'이 벌어졌다. 우리 민족 특유의 샤머니즘적 집단 무의식, 그 광기가 대폭발 현상으로 분출된 것이다.

이 폭발적 분출의 기세에서 전혀 자유로울 수 없었던 헌법재판소 재판관들은 맹수에게 쫓기듯, 공포에 질린 듯 서둘러 국회의 탄핵을 인용했다. 이렇게 하여 박근혜 대통령은 임기 중에 탄핵당하여 그 직을 잃은 최초의 국가 원수가 되었다. 국회에서 탄핵 의결이 되었던 노무현 대통령이 헌법재판소의 인용 거부로 그 직을 유지하였던 것에 대비된다. 이리하여 우리 국민은 우리 헌정 사상 최초의 여성 대통령을 지키지 못했다.

박근혜 대통령의 탄핵은 우리 역사 이성사理性史의 심각하고 중차대한 변곡점을 이룬다. 탄핵은 정권 뒤집기를 넘어 대한민국 정체성과 역사 변혁의 분수령이 되었다. 탄핵 시기에 광화문 사거리에서 남대문까지, 그야말로 입추의 여지없이 들어찬 고전적 애국자들은 손에 손에 태극기를 들고 '탄핵 무효'를 절규하듯 외쳤다. 군중을 선도하며 연단에 선 사람은 서울 법대를 수석으로 졸업한 김평우(김동리 작가의 자제) 변호사와 탁월한 검사 출신 김진태 변호사(국회 의원) 등이었다. 그들은 대한민국 정체성 수호를 전제로 하여 박근혜 대통령 탄핵의 부당성을 조목조목 지적했다. '태극기 세력' 사람들은 태극기와 성조기를 함께 들었다. 미군 철수를 외치는 세력에 대한 경고 행위였다. 그들 중에 일부가 다윗의 별이 새겨진 이스라엘 국기를 든 것은 첩보 부대 '모사드'를 표상하기 위한 것이었으리라.

하지만, 광화문에서 서울역까지의 거대 공간을 가득 채웠던 태극기 세력이 목숨을 걸고 지키려던 대한민국의 정통성과 고전적 애국주의는 박근혜 대통령 탄핵 이후 급격히 퇴색하고 말았다. 심지어 애국주의와 반공 의식은 급전직하 조롱받는 상황이 되었다. 당시 여당의 탄핵 찬성론을 이끌었던 김무성 당 대표와 유승민, 권성동 의원 등은 박 대통령 탄핵이 의미하는 국가 정통성과 정체성의 결정적 붕괴 현상을 전혀 예상치 못하였던가. 역사적 책임을 무겁게 져야 할 인사들이다.

겸손하고 정직하며 근면·성실한 데다 리더십도 갖추었던 내 제자 박근혜 대통령이 어찌하여 그런 여성과 '경제 공동체'가 되며, 그의 어떤 행위가 대기업에 대한 '묵시적 청탁'이 되는지, 젊은 날 법과 대학에서 헌법과 형법을 공부하였던 나에게도 난해하기 짝이 없는 법리다.

내 제자 박근혜가 대통령 선거에 입후보하면서 '문화 융성'을 슬로건으로 내세웠을 때, 나는 갈채를 아끼지 않았다. 21세기는 기술과 문화 융합 문명의 세기가 될 것이다. 여태 어느 대통령 후보도 생각지 못하였던 문화의 중요성을 그가 인식하고 이를 정책으로 채택한 데에 나는 감동했다. 그 좋은 정책에 이상한 여성이 개입하여 국가 대사를 그르친 것은 천추의 한이다(드러난 비행이 사실이라면). 앞으로 어느 국가 지도자가 문화 정치에 관심을 기울이겠는가.

박 대통령 탄핵 이후에 어느 언론사 기자는 느닷없이 나를 소위 '블랙리스트'의 배후로 의심하는 기사를 써서 인격을 훼손했다. 어느 대학 교수가 할 일이 없어 그런 리스트나 만들고 있었겠는가. 그 리스트는 예술 창작 지원금이 특정 단체들에 과도히 편향되이 지급되어 왔기에, 그걸 바로잡으려는 과정에서 빚어진 불상사인 것을 나중에야 알았다. 기울어진 운동장을 평평히 하려다가 일어난 일이었던 것이다. 선의로 시작한 시정책이었으나, 미숙한 시행 방식과 절차로 인하여, 세상을 뒤흔든 '엄청난 사건'으로 비화飛火한 불상사였다. 지금도 국가 지원금이 특정 세력에 편중되지 않고 공정히 배분되고 있는지, 당국은 예의 검토하기를 바란다.

그때 나는 장관과 대통령께 건의할 문화 정책의 거대 담론을 준비하고 있었다. 천재적인 아이디어 뱅크인 문화체육관광부 우상일 실장(국장)과 머리를 맞대고 '동아시아문화공동체 선언'을 구상했다. 동서양 문명·문화의 종착지요, 21세기 융합 문화 창조의 본산이 될 우리 대한민국이 의장국이 되어 동아시아문화공동체 선언을 한다는 것은 아시아와 세계 문명사의 사명이요 영예가 되겠기 때문이다.

우리나라 문화·예술계의 거장과 대통령이 공동 의장이 되어, 동아시아 문화·예술인 대표들을 6백 년 고도古都 서울에 모아 문화·예술 축제를 열고, 우의와 문화·예술 창달의 큰 길을 여는 것은 동아시아인들의 감동적인 문명사적 사건이 될 것이다. 이 감동적인 계획이 구체화할 즈음에 탄핵 사태가 터진 것이다. 땅을 칠 일이다.

내 제자 박근혜는 어쩌다가 저런 오명汚名을 뒤집어쓰고 22년 징역형으로 영어의 몸이 되어, 극한의 모욕과 고통을 당하는가. 그는 천문학적인 액수의 벌금형까지 받아 살 집마저 몰수당했다.

예로부터 부모 다음으로 제자를 애육愛育해야 할 이는 선생이라 했다. 세상의 돌팔매질에 순치되어서, 또는 망각의 세월과 염량

세태에 편승해서, 그를 변호해 줄 인연이 절멸해 가는 이 비정한 시간에, 한때 그를 가르쳤던 내가 이런 후일담을 쓰는 것이 사람된 도리라고 생각되어 이 글을 남긴다. 우리 조국 제단에 우국단충憂國丹忠의 피를 바친 그의 부모님 박정희 대통령과 육영수 여사를 생각하면, 참으로 절통한 일이다.

  나라 생각에 잠을 설치며 의만중설부진意萬重說不盡, 무너지는 마음을 추스르려니 목이 멘다.

(2021. 10. 9.)

제7장

하늘나라 가는 길

수명

 인명이 재차在車라는 말이 실감이 난다. 한 해에 1만 명 이상이 자동차 사고로 목숨을 잃던 수년 전에 나온 말이다. 2020년 자동차 사고로 목숨을 잃은 사람은 3,081명이다. 우리나라 이야기다. 요사이 어떤 이는 인명이 재처在妻라고도 한다. '인명 재천在天'을 패러디하여 웃자고 한 말이기는 해도, 세태를 반영한 말이라서 예사로 들리지 않는다.
 폐일언하고, 사람 목숨의 길이는 하늘만이 안다. 천명天命, 천수天壽라는 말이 그래서 생겨났다. 이것은 살아봐야 죽게 마련인 인생이니 애면글면 용쓸 것 없다는 허무 의식이나 숙명론과는 다른 순명론順命論이다. 최선을 다하여 살되, 하늘의 순리에 따르자는 것이다.
 아름다운 것은 단명한다는 말이 있다. 예쁜 꽃도 열흘 가기 어렵다. 예쁘고 영특하던 내 누이는 네 살에 홍역으로 갔고, 착하고 다재다능했던 사촌 형은 열일곱에 몹쓸 병으로 떠났다. 걸인과 한센병 환자 들에도 밥상을 차려 배불리 먹게 하신 내 사랑의 어머니는 64세에 가셨다. 예언자적 직관력까지 갖추신, 현자賢者이셨던 아버지는 고희古稀 한 해 전에 눈을 감으셨다. 6·25 전쟁 때 우리 집으로 피란 왔던 또다른 사촌 형제 둘은 10세, 12세에 이질에 걸려 숨졌다. 형님은 67세, 두 누님은 80세와 90세에 세상을 뜨셨다. 목숨의 길이는 이같이 들쭉날쭉이라 종잡을 수 없다.

하기야 사람의 장기 기타 여러 신체 부위의 이식이 이루어지고, 인공 장기까지 만들겠다는 현대 의·과학의 발전과 식생활 개선으로 이른바 '100세 인생'이 현실화하고 있으니, 이제 인간의 목숨을 천명이라 할 수 있겠는가. 그래도 천명이다. 인간의 과도한 욕망으로 쌓아 올린 바벨탑이 붕괴했듯이, 100세 인생도 불멸의 존재일 수는 없다. 성서의 인물 가운데 므두셀라는 965세까지 살았으나, 그도 소멸을 면치 못했다.

사람은 모두 죽는다. 병들어 죽고, 교통 사고나 홍수로 죽고, 전쟁으로 죽는다. 북한이나 아프리카 사람들은 지금도 굶주림과 영양 실조로 죽는다. 사람이 태어나 기기 시작하면서 비극은 시작된다. 그의 피니시 라인은 죽음이다. 죽음이 빛나기 위해서 우리는 잘 살아야 한다.

미국의 억만 장자 록펠러는 53세에 병으로 죽게 되었다. 의사가 곧 죽는다고 했다. 정신이 번쩍 난 그는 마음을 고쳐먹었다. 그때까지 그는 온갖 수단을 동원해 가며 돈 벌기에만 혈안이 되어 있었는데, 그 후로는 방향을 돌렸다. 돈을 인류를 이롭게 하는 데 쓰기로 한 것이다. 지금 유엔 본부 자리는 록펠러가 기증한 땅이고, 시카고대학도 그가 중흥시켰다. 록펠러는 교육, 사회, 문화 사업에 아낌없이 돈을 썼다. 하늘이 도와서인지, 그는 98세까지 살았다. 그렇다고 자선 사업을 하면 오래 산다는 법칙은 없다. 록펠러는 오만하고 탐욕스러운 삶이 아닌 겸허하게 베푸는 삶을 살아서 승리했다. 그것이 세속사에서의 참 성공이다.

천하에 몹쓸 사람이라고 비난받는 사람은 오래 살고, 많은 사람이 애찬愛讚하여 마지않는 사람이 요절하는 경우도 있다. 그래도 천명이다. 천명을 믿지 않고는 살 길이 없다.

아침마다 눈 뜨는 것 자체가 기적이듯이, 우리는 숨쉬고 살아 있다는 사실 자체에 감사해 하면서 열심히, 그러나 악착스럽지 않게 순리대로 사는 것이 옳다. 이것이 운명론이 아닌 천명론의 참뜻이다. 섭리 말이다.

사람의 성격

요즈음 이혼하는 부부가 많다. 가장 큰 이유가 성격 차이라 한다. 성격이 극단적으로 다른 두 사람이 일생을 같이한다는 것은 어려운 일이다. 좀 참고 살지 그랬느냐는 충고는 남의 일이니까 할 수 있는 말이라고들 한다. 부부는 참을 수 있을 만큼의 성격 차이가 있을 때, 오히려 상호 보완해 가며 잘살 수 있을 것이다. 하지만 두 사람의 성격에 부분 집합의 영역조차 없을 경우에 필연적으로 혼인 생활에 파탄이 난다.

부모·형제 간에도 성격 차이로 분쟁이 일고, 직장을 비롯한 사회 생활에서도 구성원 간의 성격 차이로 어려움을 겪는다. 요즈음 빈번히 일어나는 가정 비극은 경제 문제와 함께 성격 차이로 인하여 빚어지는 경우가 적지 않다. 근래에 신입 사원의 이직이 빈번한 것도 가치관의 충돌과 함께 성격의 부조화가 원인인 경우가 많은 모양이다.

사람들의 성격은 천차만별이다. 그 중에서도 성격이 참으로 특이한 사람을 만나면 난감해지는 경우가 있다. 사람이란 존귀하고 사랑스러운 존재이나, 때로는 맹수보다 무서운 경우가 있다.

인간의 성격에는 타고난 천성temparament, 천성과 환경의 복합체인 성격character, 이것들이 통합적 양상으로 형성되는 인격personality이 있다. 인간의 성격은 어떤 것이며, 어떤 양상으로 표출되는가?

사람의 성격과 혈액형 간에는 상관성이 거의 없다고 한다. 1950년대에 관련 학회에서 밝힌 일이다. 히포크라테스는 체액의 차이에 따라 사람의 성격이 다르다는 심리 화학적 견해를 밝혔다. 혈액이 과도한 다혈질은 활발하고 낙천적·창조적이나, 충동적이고 변하기 쉬운 기질이어서 절제가 요구된다. 황담즙이 우세한 담즙질은 화를 잘 낸다. 생산적·실리적·목표 지향적인 의지의 화신이다. 오만·강인·냉혹하며 감정이 고갈되기 쉬운 기질이다. 정치가, 사업가 중에 이런 사람이 많다. 흑담즙이 우세한 우울질의 성격은 멜랑콜리하다. 성격이 침울하여 홀로 있기를 좋아한다. 자기 중심적이고 변덕이 심하며, 앙심을 품거나 복수심에 사로잡히기 쉽다. 매사에 부정적·비판적·비관적·반사회적이며, 인간 관계가 매우 까다로운 기질이다. 점액질이 많은 성격은 외부의 자극에 둔감하며 태평스럽다. 이론적·비현실적이기는 하나, 마음이 평온하며 행복감과 유머 감각이 우세하다. 인내심이 있고, 고난 극복의 자세와 마음의 여유가 있다. 지도자형으로 적합하나, 때로 템포가 느리고 우유부단하며 고집스러울 때가 있다. 성서의 인물들 중에 베드로는 다혈질, 바울은 담즙질, 모세는 우울질, 아브라함은 점액질에 가깝다.

조선 말기 이제마(1837~1900)는 사상四象 의학 이론으로 인간의 성격을 규정했다. 태양인의 성격은 독선적이고, 소양인은 정열적이고 솔직·담백하며 옳지 않은 것(불의)을 보고 참지 못한다. 태음인은 과묵하고 성격이 원만하며, 소음인은 여성답고 다정다감하다는 것이다. 이제마의 체질론이다.

동물 행동학의 창시자 중의 한 사람인 콘래드 로렌츠는 인간에게는 타고난 공격성이 있다고 했다. 인류 역사상 전쟁이 없었던 날이 30일 정도밖에 안 되는 것은 인류의 타고난 공격성 때문인 듯하다. 로렌츠는 이런 공격성을 완화하기 위하여 모든 사람들이 보편적으로 공감하는 예술·과학·의학 같은 커다란 목적들에 정열을 쏟도록 해야 한다고 했다. 스포츠에 동참하는 것도 좋은 방안이 될 것이다. 올림픽 경기와 월드컵 축구 경기도 변이된 세계 대전이 아닌가.

사회학자들은 인간의 성격 유형을 권력형, 경제형, 심미형, 종교형으로 나눈다. 우리나라에는 이들 유형이 널리 분포해 있는 듯하다. 권력형 인간들이 제일 문제다.

사람은 혼자 살 수 없다. 별의별 성격 유형에 속하는 사람들과 더불어 살아야 한다. 자기 성격의 장단점을 분별하여 스스로 언행을 조율하는 노력이 필요하다. 그럼에도 공동체 생활에서 어쩔

수 없이 본성이 드러나게 되는 것이 문제다. 방법은 관조하는 자세로 상대방의 언행을 대하며 잠시 기다려 주는 방법이 최선이다. 가령, 벌컥 화를 잘 내는 사람을 대할 때, 그의 화가 누그러지기를 기다렸다가 대화를 하는 것이 현명하다. 성격이 서로 다른 부부가 상대방의 성격을 기어이 고쳐 놓고 말겠다고 벼르다가는 파탄에 이르기 십상이다. 우선 상대방의 '다름'을 인정하고 수용하는 것이 현명하다.

   사람의 천성, 성격, 인격은 각양각색이다. 이를 인정하고 기다리는 마음이 화평을 낳는다.

욕망의 한계

　욕망의 한계를 이야기할 때, 우리는 자주 톨스토이의 단편 이야기를 한다. 어느 부자 지주가 소작인에게 말했다. 가지고 싶은 만큼 토지를 줄 터이니, 되도록 멀리 걸어갔다가 해가 지기 전에 돌아와야 한다는 조건을 걸었다. 새벽에 출발한 소작인은 토지를 많이 소유하려는 욕심에 주인의 광대한 땅을 숨이 차게 달음질쳤다. 한동안 내닫던 소작인은 너무 멀리 온 것을 깨닫고 뒤돌아서 냅다 숨차게 달렸다. 떠난 자리에 겨우 돌아온 그는 숨이 끊어지고 말았다. 심미적 윤리에 충실하였던 인도주의자 톨스토이는 작품을 통하여 늘 뭉클한 감동을 준다. 이 작품도 마찬가지다. 〈사람에게는 얼마나 넓은 땅이 필요한가〉이다.

　어떤 공직 사회의 수장은 탐욕스러웠다. 부하들 승진에는 꼭 금품을 요구했다. 오래전 우리 사회가 투명하지 않은 시대에 부하 직원들은 울며 겨자 먹기로 그에게 금품을 상납했다. 주머니가 두둑해진 그는 호기롭게 정년 퇴임을 했다. 어느 날 첫 연금을 타러 은행엘 갔다. 어쩌랴. 은행 문을 열고 들어선 바로 그 자리에 쓰러져, 그는 원통한 마지막 숨을 내쉬었다. 서울에서 일어난 실화다.

구두쇠 가장이 있었다. 어려서부터 가난했던 그는 '근검 절약'을 입에 달고 살았다. 매끼니 밥상에 반찬을 세 가지밖에 놓지 못하게 했다. 이 불문율을 어겼다가는 식구들에게 불호령이 떨어졌다. 살림이 웬만큼 넉넉해졌건만, 그의 근검절약 정신은 전혀 녹슬 줄을 몰랐다. 그의 구두는 늘 헐어 있었고, 입성도 마찬가지였으며, 승용차도 중고품이었다. 그 역시 오래 살지 못했다. 그의 장례식 날 자녀들의 얼굴에는 슬픔보다는 억압에서 해방되었다는 안도감이 어려 있었다고 한다. 이 역시 실화다.

프랑스 철학자요 비평가인 자크 라캉은 인간의 욕망과 그 의미를 통찰한 책《욕망 이론》을 썼다. "욕망의 주체는 나그네, 길은 사막, 대상은 신기루다."라는 것이 그 요지다. 우리는 어쩌면 저 허망한 신기루를 향하여 사막길을 가는 욕망의 화신이 아닌가. 대상이 신기루 같은 허상일지라도 욕망이 있기에 살아 간다고 라캉은 말하였다.

하지만 우리는 욕망 실현을 위하여 최선을 다할 뿐, 허망히 목숨을 잃을 정도로 탐욕을 부리고 인색하게 살 것은 아니다. 때로는 다섯 가지 반찬쯤은 먹으며 살아도 되지 않겠는가.

생각해 보자. 가수 김국환의〈타타타〉처럼 우리는 누구나 마지막 옷인 수의 한 벌과, 이 지구상에서 넓어야 한 평짜리 몸을 누일

땅을 차지할 뿐인 존재다. 아무리 세상 것을 많이 소유했던 사람도 수의에 호주머니를 다는 법이 없다. 우리 인류에게 주어지는 단 한 가지 절대적 평등, 그것은 죽음이다.

신기루인 저 대상과 허망한 죽음 때문에 인생은 '빈 술잔'이라 하며 무상감과 허무 의식에 싸여 살다가 생을 마감할 것인가. 근 60년 전에 김형석 교수가 쓴 《운명도 허무도 아니라는 이야기》와 김정훈 부제의 《무상無常을 넘어서》에 그 답이 있다.

욕망을 잘 다스리며 운명 의식과 허무 의식에서 구제받는 길이 우리 앞에 놓여 있다. 베풀고 섬기며 사는 것이다.

코로나 역병과 사랑의 리듬

2020년의 봄은 잔인했다. 새로운 코로나 역병이 온 지구촌을 신음하게 만들어 놓았다. 창조주가 지으신 대자연을 난개발하다가 오히려 그에 역습당하는 대재앙이다. 수많은 이웃이 이 모진 역병에 쓰러지고 목숨을 잃으며, 우리 현생 인류가 애면글면 쌓아 올린 탐욕의 바벨탑이 붕괴하는 소리가 요란하다.

놀라운 이 재앙 앞에서 지구촌의 의료진이 눈물겨운 사투를 벌이고, 의·과학자들은 백신과 치료제 개발에 분투 중이다. 그럼에도 미증유의 이 대재앙은 과학만으로 극복할 수가 없다. 갈급한 것이 우리의 하늘에 사무치는 기도다. 진인사대천명은 사람이 할 수 있는 것의 한계와 하늘이 내려 줄 명령의 무게를 깨우쳐 주는 금언이다.

이 엄청난 재앙을 당하여 지구촌 사람들은 공포와 침묵 속에 거리 두기로 골방에 유폐되어 있다. 별의별 기묘한 모기약과 파리채는 있어도, 코로나 바이러스채는 없다. 명석한 호모 사피엔스도 속수무책이다. 북한 · 러시아 · 중국 · 미국 · 인도 · 파키스탄

등 여러 나라가 가공할 원자탄을 갖고 있으나, 눈에 보이지도 아니하는 교묘한 이 바이러스라는 적군이 쳐들어와도 아무 쓸모가 없는 걸 어찌하겠는가. 미상불 속절없는 제3차 세계 대전이다.

2022년 4월 17일 현재 세계의 5억여 인구가 이 역병에 걸렸고, 6백만 이상이 목숨을 잃었다. 각국의 재난 당국은 매일 아픈 사람과 죽은 사람 들의 숫자판을 메우고, 언론은 무심히 그 숫자를 전달하기에 바쁘다. 국내 코로나 확진자 누계는 1천 6백만이 넘었고, 사망자는 2만 명 이상이다. 다른 나라보다 사망자 수효가 적다고 안심할 때가 아니다. 최근에는 확진율 세계 최상위 국가가 되기도 하였다.

대만에서 역병으로 한 사람이 유명을 달리했을 때 정부 당국자는 울었다. 한 사람이 죽으나 백 사람이 죽으나 죽음은 실존적 비극이다. 숫자 놀이는 망녕된 일이다. 우리의 최고 책임자는 사람이 처음 죽은 다음 날 짜파구리 파티를 열며 파안대소하였다. 비정한 일이다.

이 역병은 사람 사이를 갈라 놓았다. '사회적 거리'라는 2미터의 법칙이 공동체를 사정없이 냉각시키고 있다. 불행한 일이다. 그러나 이 불행이 불행만을 안겨 주지는 않는다. 우리는 골방에 들어앉아 모처럼 그리운 사람의 얼굴을 눈앞에 떠올리고 전화를 걸거나 문자로 대화한다. 못다 읽은 책을 펼치거나, 소음과 일에 부대끼며 멀리했던 클래식 음악으로 마음을 치유하는 기쁨을 누린다. 코로나 역병의 역설이다.

이 고독의 시간이 주는 최고의 선물은 침묵이고 묵상이다. 우리는 그 수많은 날들에 얼마나 많은 영양가 없는 말들로 인생을 낭비하였던가. 수입보다 지출이 터무니없이 많았던 허탄한 논쟁과 비판의 말들, 그것들이 거둔 하릴없는 진리의 쭉정이들 앞에, 광망한 우주의 섭리 앞에 우리는 지금 각자 한갓 티끌이 되어 앉아 있다.

지금쯤 대통령이 앞장서서 이 역병으로 희생된 영혼들을 위하여 국가적으로 진혼제를 열었으면 한다. 이탈리아 수상이 이미 이를 본보였다.

이제 문득 지구 반대편 한 수도자가 가마가마 들려 주는 묵상의 소리에 마음 귀를 열게 된다.

삼라만상은 서로를 사랑한다. 세상 만물은 각자가 하나의 '너'를 향하고 있다. 살아 있는 모든 존재는 서로 내밀한 관계 속에 있다. 동물과 식물을 비롯한 모든 존재는 끼리끼리 서로 흉내 냄으로써 형제적 사랑으로 함께 결합되어 있다. (중략) 모든 물리적 현상은 이처럼 사랑이라는 한 가지 법칙이 변해서 된 것이다. 모든 물리적 현상은 이처럼 사랑이라는 동일한 현상이 달리 표현된 것에 지나지 않는다. 한 눈송이의 응결, 한 새로운 별의 폭발, 쇠똥 더미에 달라붙은 쇠똥구리, 사랑하는 여인을 껴안고 있는 연인, 이들은 모두 사랑이라는 동일한 현상의 표현이다.

네루다 이후 라틴 아메리카의 가장 영향력 있는 시인이며 니콰라과의 수도자 에르네스토 카르데날의 아름다운 글이다. 그의 《침묵 속에 떠오르는 소리》에 실렸다. 그는 우주의 존재 일체를 사랑의 리듬과 그 연쇄로 파악했다. 모든 '나'는 자신의 존재를 탈바꿈함으로써 다른 존재인 '너'를 만나려 한다는 것이다. 만유의 존재 양상과 그 본성은 사랑을 향한 배고픔과 목마름 그 자체라는 말이다.

남해 바다 굽이굽이 흘러 가는 리아스식 해안, 그 휘연한 모랫벌에서 바라보는 달빛 울렁이는 밤바다의 윤슬들, 낙조 높이 불타는 서해 바다, 갈맷빛 대양 저편에서 부르고 손짓하는 아트막한 섬들, 안단테 칸타빌레로 밀려오는 바다 물결, 와당탕퉁탕 쏟아져 내리는 거침없는 폭포수와 벽계수, 쪽빛 하늘을 금 긋는 철새의 노랫소리, 이 모두는 전 우주의 질서에 융화하려는 사랑의 리듬이다.

코로나 역병은 이 아름다운 창조의 리듬을 교란시킨 결과로 빚어진 인류사적 대재앙이다. 에볼라 바이러스는 1976년 아프리카 콩고의 에볼라 강가에서 사람이 원숭이와 비정상적으로 접촉하다가 감염되었다는 것이 정설이다. 메르스는 일부 중국인들의 기호 식품인 박쥐에서 유래했고, 아라비아의 낙타를 중간 숙주로 하여 사람에게로 전염된 것이다. 이번에 인류를 녁다운시킨 코로나 바이러스 19도 중국인들이 식용하는 박쥐에서 유래한 것으로 추정된다. 그 역병을 미국 군인이 가져왔다는 주장은 아무리 보아도 '뒤집어씌우기' 잘하는 중국 공산당의 억지다. 2003년에 유행한 사스의 발원지도 중국 광둥성이다. 이번 코로나 19가 만약 중국의 우한 연구소에서 만들어진 것이라면, 문제는 매우 심각하다.

이 모두가 창조의 질서, 그 아름다운 리듬을 파괴하는 인간의 오만과 무분별이 빚은 참사들이다. 원숭이와 박쥐는 그들의 만드는 자연의 리듬 속에 살도록 해야 한다. 호모 사피엔스, 우리는 무슨 권능으로 코끼리와 새떼에 총질을 하는가. 소유를 극대화하려는 탐욕으로 다른 동식물의 서식지를 파괴하고 멸종케 하는 인류의 폭력은 벌써 생태계의 적신호, 부메랑이 되어 돌아오고 있다. 새들과도 대화를 나누었다는 성 프란치스코 성인이 새삼 그리워지는 나날이다.

날로 더워만 가는 지구촌. 가뭄과 홍수와 폭풍, 그에 뒤따를 식량 부족 문제 등 오래지 않아 큰 재난은 몰려 올 것이다. 우리가 할 수 있는 것은 창조의 질서인 사랑의 리듬을 회복하는 일이다. 때가 급하다. 지금 우리가 할 수 있는 가장 절박한 일은 기도다.

묵상 중에 감동적으로 떠오르는 기억이 있다.

1960년대 어느 날 미국 뉴욕시에 오랜 시간 대정전이 일어났다. 냉장고의 음식이 상하고, 엠파이어 스테이트 빌딩의 엘리베이터가 멈춰 섰다. 대혼란이었다. 시민들은 시장과 전기 회사 책임자를 맹렬히 질책했다. 그럴 때 놀라운 한 소식이 매스컴에 떠올랐다.

"사랑하옵는 주님, 제가 잘못했습니다. 엄마 말씀도 잘 안 듣고, 엄마를 사랑하지도 않았습니다. 제 잘못을 용서하시고, 우리 뉴욕에 전기가 들어오게 해 주십시오."

아홉 살 난 어린 소녀의 기도였다.
진심으로 기도하는 한 사람은 염려하고 불평하는 전 국민보다 강하다. 기도는 사랑의 리듬, 그 극치다.

큰일 할 사람과 큰일 낼 사람

　세상에는 별의별 사람이 있다. 선한 일로 우리를 감동케 하는 사람이 있는가 하면, 정상적인 사람이라면 상상조차 할 수 없는 악행을 저지르는 사람도 있다. 동아시아에서는 공자와 도척이 이 상반된 인물의 표상이다. 서양에서 성 프란치스코는 시종일관 성자로 살았고, 성 아우구스티누스는 젊어서 품행이 문란하였다가 회개하여 거듭난 인물로 유명하다. 이탈리아의 한 강력범은 54회나 탈옥한 상습범이었다. 그가 사형당한 후에 두개골을 해부한 결과 특이점이 발견되기도 하였다. 범죄 선천설의 논거가 된다.
　일찍이 백금옥 할머니는 행상을 하는 등 온갖 간난신고를 겪으며 평생 모은 전 재산을 쾌척하여 금옥여자고등학교를 세웠다. 수십 년간 익명으로 성금을 내어 놓는 전주의 한 기부 천사, 3백 년간 사방 백 리 안에 굶주리는 사람이 없게 한 경주 최 부자(최진립과 그 후손) 같은 선인들이 있다.
　반면에 인면수심의 악인들도 적지 않다. 사람의 얼굴에 짐승의 마음을 한 악한 말이다. 1970년대의 김대두와 1980년대의 주영

형이 그 상징적인 인물이다. 김대두는 먼 남도의 시골에서 서울로 올라오는 길에 사람 17명을 살해하고 돈 2만 4천 원을 빼앗은 연쇄 살인 강도의 이름이다. 주영형은 담임 반 장애인 제자를 약취, 감금하고 그 부모에게 금품을 강요했던 서울의 어느 중학교 교사 이름이다. 천인공노할 범행을 저지른 이 살인범의 최후 진술은 실로 충격적이었다. 1988년의 서울 올림픽을 보지 못하고 죽는 것이 안타깝다고 했다. 그도 사형당하여 남도 그의 고향에 묻혔다. 큰일 낸 인간들이다.

큰일을 하여 선한 업적을 남긴 사람도 적지 않다. 전인 교육의 전통을 세워 많은 선한 인재를 배출한 경남 거창고등학교 설립자 전영창 교장(장로), 가나안농군학교를 세워 국민 정신 교육에 일생을 바친 김용기 교장(장로)은 큰일을 한 사람들이다. 당신의 봉급을 할애해 가며 무료 진료 등으로 아가페적 사랑을 실천한 장기려 박사는 인술仁術의 사도使徒였으며, 의료 보험 제도의 창시자이기도 하였다. 그는 환자들을 위해 모든 것을 다 바치고 무소유의 사람으로 하늘 부르심을 받았다. 전북 무주 출신 전영창 교장은 교육자의 소명이 자라는 이를 '사람다운 사람'으로 만들어 국민과 인류에게 봉사하도록 가르치는 것이라 하여 이를 실천하였다. 그는 학생들로 하여금 '인기있는 학과'보다 '나라와 인류에 실천적으로 봉사할 수 있는 학과'로 진학하도록 가르쳤다.

근래에 작고한 이건희(1942~2020) 삼성전자 회장의 천문학적인 상속세와 엄청난 미술품 컬렉션이 화제다. 3조 원으로 추산되는 국내외 거장들의 명작을 우리 사회에 기부한다는 낭보에 온 국민이 반색했다. 그는 탁월한 창의력과 리더십으로 삼성전자를 세계 1위의 대기업으로 만들었다. 그는 삼성 그룹에 종사하는 수많은 사원들과 그 가족들은 물론, 납품업체 식구들의 부양을 책임져 온 거인이다. 우리나라 수출액의 20%를 차지하는 삼성전자를 창립한 이병철 회장은 거인 중의 거인이다.

거북선이 인쇄된 우리 지폐 한 장을 들고 영국으로 가서, 큰돈을 빌려 현대조선을 일군 정주영 회장 역시 거인이었다. 사우디아라비아를 비롯한 열사의 나라 중동에서 밤에도 불을 켜고 일한 현대건설 임·직원과 노동자 들도 거인이었다. 수십 년 전만 해도 일본 토요다 자동차를 선망의 눈으로 바라보던 우리는 지금 전 세계의 도로를 누비는 현대자동차를 생산하며 자부심을 누린다. 정주영 회장의 뚝심과 정몽구 회장의 추진력 덕분이다.

LG의 구자경·구본무 회장, SK의 최종현·최태원 회장, 유한양행의 유일한 회장 등 우리 기업인들은 우리나라를 세계 10위권의 부자 나라로 키워 낸 거인들이다. 특히 유일한 회장(박사)은 이 땅 기업 윤리의 전범을 보여 주었다는 점에서 더욱 큰인물이다.

민족 자본이 전무하였던 우리나라 재벌 (대)기업들이 정경유착이나 세습화 등 경영 윤리 면에서 문제점을 드러낸 것을, 사람들은 비난한다. 이것은 민족 자본이 전무하다시피 하였던 지난 반세기 동안에 급속히 압축 성장하는 과정에서 빚어진 부작용이었다. 이 부작용 때문에 저 거인들의 경이로운 업적을 송두리째 폄훼하는 것은 온당치 않다.

부존 자원의 결핍이 심각한 우리나라를 세계 10위의 강국으로 만들 인적 자원 양성에 헌신한 교육자들은 거인이다. 6·25 전쟁 때 북한의 남침으로 백척간두에 처하였던 조국을 구한 전쟁 영웅들, 이후 휴전선과 우리 영해·영공을 철통같이 지켜 온 우리 장병들도 거인이다. 자주 국방, 교육입국의 기치 아래 경제 개발 계획을 세우고, 탁월한 리더십으로 이를 성취케 한 박정희 대통령 등 국가 지도자야말로 거인 중의 거인이다.

산림녹화 사업의 성공으로 푸르게 아름답고 기름진 금수강산 이 땅에 살도록 만들어 준 저 거인들의 공적에 우리가 감동하는 것은 당연한 일이다. 그들이 기업을 일구던 초창기의 시행착오는 그들의 저 크나큰 업적들이 상쇄하고도 남는다. 우리가 그들을 잊을 수 없는 이유다. 음수사원飮水思源이다. 물을 마시는 사람은 그 원천을 생각해야 한다는 뜻이다. 큰일을 하고 간 선인들의 은혜를 기억하는 것은 사람된 자의 도리가 아닌가.

요즈음 정치하는 사람들 가운데 큰일 낼 사람이 한둘이 아니라, 걱정하는 국민이 많다. 겉모습은 멀쩡한 사람들이 부정한 입술로 도저히 입 밖에 내어서는 안 될 폭언을 일삼고, 오만불손한 태도로 국민을 윽박지르는 사람들이 창궐한다. 국민의 봉사자여야 할 고위 공직자가 무슨 제왕이나 된 듯이 거들먹거리고, 탁자를 쳐가며 방자히 구는 행태는 실로 언어도단이다. 권력욕에 도취된 야수에 방불하다. 국민과 국가의 운명을 판가름할 지난 시대의 거대한 정책들을 일시에 폐기하고, 아무 법이나 만들어 나라의 기틀을 흔들어 놓는다. 건설과 창조는커녕 파괴에 광분하는 무뢰배들이다.

권력은 일시적이고, 역사는 장구하다. 국민의 세금으로 일하는 이들이 주인인 국민을 윽박지르는 패륜은 목불인견, 눈뜨고 차마 볼 수 없을 지경이다. 이들은 선배들이 피땀을 흘리며 이룩한 업적을 부정하고 때려부수기에 여념이 없다. 파괴의 명수들이다. 그들은 스스로 무엇을 잘못하는지를 전혀 모른다. 정의正義를 독점하는 이념의 화신이기 때문이다. 자아도취, 오만불손, 방약무인, 기고만장, 정저지와井底之蛙 등 모든 부정적인 말을 불러오는 사람들이다.

저들은 자기들의 위선을 전혀 인정하려 들지 않는다. 온갖 말과 글로 정의를 설파하고, 숨어서는 부정한 짓을 거리낌 없이 저지른다. 심지어 전 국민 앞에서 공언한 일을 돌아서서 곧장 뒤집는다. 저들은 인지 구조에 이상이 있는 사람들임에 틀림없다. 오죽해야 '내로남불(내가 하면 로맨스, 남이 하면 불륜)'이라는 신조어가 생겨나, 미국 언론에 'naeronambul'이라 뚜렷이 실렸겠는가? 대학 교수들이 2020년도를 '아시타비(我是他非, 나는 옳고 남은 그르다)'로 내걸어 질책하였겠는가.

20여 년 전에 희대의 거짓 증언자가 나와 사실무근인 부정 행위를 날조·모함하여, 절대 우세에 있던 대통령 후보를 낙선케 하였다. 김대업이라는 인물이 이런 큰 일을 저질렀다.

어려서 시골서 자랄 때 어른들은 동네 아이들을 '큰일 할 사람', '큰일 낼 사람', '이도 저도 아닐 평범한 사람'의 셋으로 분류했다. 어른들의 눈은 크게 틀리지 않았다. '큰일 할 사람'은 어느 분야에선가 크게 성공했고, '큰일 낼 사람'은 작든 크든 몹쓸 짓을 하여 사람들을 놀라게 하였다.

큰일 할 사람이 많은 세상은 복되나, 큰일 낼 사람이 야료를 부리는 세상은 고통스럽다. 선한 일, 큰일을 할 사람을 길러 낼 부모, 교육자, 국민 들의 대오각성이 요청되는 오늘이다.

초상 현상

 2020년 미국에서 미확인 비행 물체, UFOunidentified flying object의 실체를 인정했다. '미확인 공중 현상UAPunidentified aerial phenomena'이라고도 부르는 이 비행 물체의 움직임은 현대 3차원 물리학 이론으로는 설명이 되지 않는다. 순식간에 공중의 7만 피트 상공에서 2만 피트 높이까지 수직 이동하며, 세찬 바람에도 공중에 정지해 있는 이 비행 물체의 정체는 무엇인가.

 초상 현상超常現象이 있다. 인간의 3차원적 상식을 넘어서는 현상이 매우 드물지만 일어나고 있다. 신비다. 숫자로써 이 비밀을 엿보면 절로 감탄이 인다. 흑과 백, 남과 북 같은 숫자 2, 천·지·인, 상·중·하, 정·반·합, 성부·성자·성령 같은 숫자 3을 보라. 숫자 7은 더한 신비 체계의 상징이다.
 우주의 물질 세계, 생명 세계, 인간 세계, 문화 세계, 고등 종교, 경전 등이 모두 숫자 7과 관련된다. 물질 세계의 물질은 물체·분자·원자·원자핵·하드론·럽튼·쿼크의 7계층으로 되어 있다. 물질 세계의 우주는 소립자·원자·분자·물체·천체·섬우주·대우주의 위계 질서를 이루고 있다. 은하는 타원 은하 2, 렌즈형 은하 1, 와상 은하 3에 불규칙 은하를 더한 7개로 구성되어 있다. 천체의 계층 구조는 항성·구상 성단球狀星團·산개 성단散開星團·은하·은하단·초은하단·대우주로 되어 있다. 우주 대폭발의 물질 천체 역사는 수소 중력에 의한 수도 덩어리 형성 단계, 핵 융합 폭발과 항성 생성 단계, 핵 융합 지속 단계, 적색 거성巨星 단계, 백색 왜성矮星 단계, 중성자별 단계, 초신성超新星 폭발 단계의 7단계를 거친다.

희소한 기체를 제외하면 대기는 질소·산소·이산화탄소·수증기·헬륨·네온·아르곤으로 구성되어 있다. 음악의 음계 중에서 가장 자연스러운 것은 도·레·미·파·솔·라·시의 7음계다. 생명 세계는 무기 분자·단순 유기 분자·복잡 유기 분자·사슬 유기 분자·복제 단세포 생물·복제 다세포 생물·고등 동물의 7가지 위계로 되어 있다.

18세기 카를 폰 린네의 동식물 분류 체계는 계·문·강·목·과·속·종이다. 척추 동물의 하위강下位綱은 원구류圓口類·경린류硬鱗類·어류·양서류·파충류·조류·포유류로 나뉜다.

사람의 뇌는 대뇌 반구·간뇌·중뇌·능뇌협·교橋·연수·소뇌로 구성되어 있다. 사람의 머리에서 우주를 향하여 열린 창은 귓구멍 2, 눈구멍 2, 콧구멍 2, 입 1, 합하여 7이다.

시간 측정 단위는 초 · 분 · 시 · 일 · 주 · 달 · 해의 7단계다. 종교 경전도 7과 관계된 것이 많다. 불교의 7보 극락, 무함마드의 제7의 천국, 인도 경전 우바니샤드 · 바가바드키타의 7은 우연한 숫자일까? 유태교 경전에서 천지 창조일은 휴일을 합쳐서 7일이다. 기독교 성서 66권의 마지막 책인《요한계시록》1장에는 교회 7개와 7개 영이 언급된다. 7개 교회는 에베소교회 · 서머나교회 · 버가모교회 · 두아디라교회 · 사데교회 · 빌라델비아교회 · 라오디게교회다. 5장에서 17장에는 일곱 별의 비밀, 일곱 금촛대, 일곱 뿔, 일곱 천사, 일곱 나팔, 일곱 뇌우雷雨, 일곱 재앙, 7대접, 7머리 등을 보라.

러시아에는 유명한 개 이야기가 있다. 한 개 주인이 시베리아 우수리스크에서 모스크바로 이주하였다. 그런데 우수리스크에 남겨 두고 온 개가 모스크바까지 찾아왔다. 2천 킬로미터를 혼자서 달려온 것이다.

1968년 6월 1일 한밤중에 놀라운 사건이 일어났다. 고급 승용차 두 대가 아르헨티나 수도 부에노스아이레스 교외를 달리고 있었다. 수도 남쪽에 사는 친지를 방문하기 위함이었다. 뒤 차에는 변호사 부부가 타고, 앞 차에는 그 친구 부부가 타고 있었다. 해안 길이라 안개가 자욱히 끼었고, 앞 차는 목적지 입구에서 멈췄다. 뒤 차는 아무리 기다려도 오지 않은 채 실종되었다. 이튿날 6천 마일이나 떨어진 멕시코시티의 아르헨티나 영사관에서 전화가 왔다. 변호사 부부는 차와 함께 머나먼 멕시코시티에 가 있었다. 사연인즉 이랬다. 밤 12시 30분에 안개 사이로 강렬한 흰 빛이 나타나자, 변호사 부부는 기절해버렸다. 잠시 후 정신을 차렸을 때, 때는 대낮이고 차는 낯선 멕시코 고속 도로를 달리고 있었다.

신약 성서에는 예수님이 갈릴리 바다(호수) 위를 걸어오고, 부활하여 하늘로 올라가는 장면이 있다. 현대의 자연 과학자들은 이런 현상을 믿지 않는다. 찰스 다윈의 진화론에서 파생된 근대 이후의 수많은 학문과 주의·주장의 주인공들은 이런 이야기를 한갓 조작된 설화로 여긴다. 최근의 융합 인문학자인 유발 노아 하라리 히브리대 교수는 인류의 모든 정신적 창조물을 알고리즘의 소산으로 본다.

지금 생명 과학적 정설은 이렇다. 인간의 의식이란 뇌의 전기 화학적 반응에 의하여 생기고, 마음속의 경험들은 어떤 필수적 데이터 처리 기능을 수행한다는 것이다. 하지만 뇌에서 일어나는 일련의 생화학적 반응과 전류가 어떻게 고통이나 분노, 사랑 같은 주관적 경험을 가능케 하는가를 밝혀낸 사람은 없다.

오늘날 가장 영리한 인류라는 데이터 과학의 대가들은 마음과 영혼의 실재에 대하여 회의적이다. 기독교, 불교, 이슬람교 등 고등 종교가 신봉해 온 영성靈性spirituality 같은 것에 생명 과학자들도 관심이 없다. 그들은 인간의 뇌가 8백억 개가 넘는 뉴런들이 그물처럼 연결된 심히 복잡한 시스템인 것만 밝혔을 뿐, 그것이 어떻게 감정·마음·영혼의 상태로 반응하는가 하는 물음 앞에서는 속수무책으로 응답이 없다.

이탈리아 아시시의 성 프란치스코는 새와 대화를 하였다 한다. 어느 성직자가 기르는 두 식물 가운데 한쪽 식물에게만 기도하였더니, 그 식물의 성장이 두드러졌다고 한다. 음악이나 칭찬을 들은 꽃나무가 훨씬 풍성하게 꽃을 피웠다는 정원사의 이야기도 있다.

우리 인간의 감각과 의지와 지식으로 사물과 현상을 알 수 있는 영역은 극히 협소하다. 우리의 촉각과 의식으로 지각한 것은 총체적 진리 중의 극히 일부일 뿐이다.

앞으로 고도로 발달한 11차원의 물리학은 예수님이 바다 위를 걸어오신 그 신비를 밝힐 수 있을 것이다. 그런 경지에서는 아르헨티나에 있던 승용차가 순식간에 멕시코라는 뜻밖의 시공간으로 이동하게 된 비밀도 풀어 줄 것이다.

이런 초상 현상 앞에 우리 인류는 한없이 겸허해질 수밖에 없다.

하늘나라 가는 길

나이 탓인지 땅보다 하늘을 보는 일이 잦아졌다. 어지러운 내 서재의 깊은 곳에 잠들어 있던 옛 책들을 깨우는 것도 나의 일과다. 존 번연의 《천로 역정》을 깨운 것도 최근의 일이다.

이 책은 모두 11개 장으로 되어 있다. 화자는 1인칭 단수 '나'이고, 가상의 인물 크리스천이 온갖 장애와 위기와 고난을 이겨내고 마침내 하늘나라, 천성에 도달하는 과정을 꿈으로 보여 준다. 천성 가는 길에서 마주치는 온갖 인간 군상과 세상 일의 천태만상은 우리 세속사의 축도다.

여기에 등장하는 인물들의 이름은 그들의 성격과 일치한다. 고집, 변덕, 율법주의자, 단순, 나태, 거만, 무지, 허례, 위선, 겁쟁이, 불신, 수다쟁이, 사심, 돈 사랑, 세상 집착, 구두쇠, 데마, 질투, 미신, 아첨쟁이, 이교도, 교황 등이다. 게다가 흉측한 마귀 아볼루온, 마귀 군대의 왕 바알세불은 악성이다. 그의 신하 옛 사람 경, 육신의 쾌락 경, 사치 경, 허영 경, 음란 경, 탐욕 경도 악의 무리다.

크리스천은 이 부정적 인물들을 만나기까지 위험과 멸망의 길을 헤쳐 가야 하고, 오류와 조심의 봉우리, 곤고의 산을 헤매어야 했다. 도덕 마을과 샛길 초원·겸손의 골짜기에서 안도했으나, 탐욕 도시와 이익 사랑 마을·의심의 성·곤고의 산과 사망의 음침한 골짜기도 피할 수 없었다.

결정적인 것은 헛됨 마을의 헛됨의 시장에서 마주치는 온갖 악의 목록들이다. 1년 내내 열리는 이 시장에서는 집, 땅, 직업, 지위, 명예, 직함, 국가, 정욕, 쾌락, 창녀, 포주, 아내, 남편, 자식, 주인, 종, 삶, 피, 육체, 목숨, 은·금·진주 등의 갖가지 보석을 살 수 있었다.

이 시장에서는 사기, 도박, 악당, 무뢰한을 사시사철 볼 수 있었다. 이유 없는 핏빛 살인, 강도, 불륜, 거짓 맹세가 판을 쳤다. 여기서도 재판이 열리는데, 배심원 이름은 맹목, 불량, 악의, 호색, 방탕, 무모, 거만, 증오, 거짓말, 잔인, 혐오, 완강이다. 이들의 평결이 어찌 정의롭겠는가.

멸망의 도시인 고향을 버리고 떠난 크리스천은 고비고비 긍정적인 인물들의 인도를 받는다. 그들은 세속의 현자, 전도자, 선의 해석자, 회개하는 남자, 분별 아가씨, 경건, 신중, 자비, 구원, 신실, 작은 믿음 들과 지식·경험·경계·성실이라는 이름의 네 목자를 만나 천성 가는 길을 더위잡는다.

그는 족쇄를 찬 채 산기슭에 잠든 단순·나태·거만을 깨우고,

절망의 거인과 그의 아내 자신 없음, 소심·불신·죄책감이라는 강도 3형제와 무신론자를 만난다.

이 험난하고 헷갈림 많은 길에서 천군만마와도 같은 믿음의 친구 소망을 만난다. 둘은 의형제가 되어 갈림길에서 마침내 바른 길을 찾아 아름다운 집에 도달하고, 청명이라는 봉우리에서 산맥 아래에 있는 임마누엘의 땅을 바라보게 된다.

아름다운 강을 건넌 두 사람은 절망의 거인에게 잡혀 지하 감옥에 갇혔으나, 품속서 '약속'이라는 열쇠를 꺼내어 탈출한다. 스스로 지혜롭다는 무지를 만나고, 정직 마을과 가까운 타락이라는 마을의 잠시가 따라오다가 자력 구원과 친해지면서 이탈한다.

두 사람은 우여곡절 끝에 죽음의 강을 건너가서 천성문을 통과한다. 드디어 빛나는 천사들의 안내를 받으며 낙원에 들어서자 천사들이 외친다. "이제 다시 슬픔과 질병, 고통, 죽음은 모두 기쁨으로 변할 것입니다. 지금까지 뿌린 모든 기도와 눈물, 고통의 열매를 거둘 것입니다." 천성 시민들이 하늘이 떠나갈 듯 크고 힘찬 함성을 지르며 두 사람을 축복한다. 빛나는 순백의 옷을 입은 하늘 나라 나팔수들이 온 하늘에 울려 퍼지도록 연주한다.

천성에는 에녹, 모세, 엘리야 등이 보인다. 천사들은 크리스천과 소망이 순례를 시작하면서 받았던 증서를 하늘 왕께 전달한다. 두 사람은 황금 빛 옷에 면류관을 쓰고 수금을 들었다. 천성에서 종소리가 울려 퍼졌다. 천성 안에는 황금으로 포장된 길 위에서 머리에는 면류관을 쓰고 손에는 종려나무 가지를 들고 황금 수금으로 찬미가를 연주하며 거니는 많은 사람들이 보인다.

《천로 역정》은 마지막 징표로, '자기 구원'을 고집하는 '무지'의 최후를 보여 준다. 무지는 뒤늦게 크리스천과 소망이 고난받은 것과 달리 쉽사리 강을 건넌다. '헛된 희망'이라는 나룻배 사공이 있었기 때문이다. 증표가 없는 '무지'는 손발이 묶여 지옥으로 통하는 길로 내쳐졌다.

"그렇다. 이 모두가 꿈이었다."

존 번연의 끝 문장이다.

워싱턴의 목회자 유응렬은 《천로 역정》은 영적 도전이 필요할 때, 상황을 극복하는 지혜와 사명을 다하고자 하는 결단의 힘을 준다고 했다. 그러기에 《천로 역정》은 성서에 버금가는 베스트셀러 반열에 든 명작이다.

작가 존 번연John Bunyan(1628~1688)이 이 작품을 발표한 해는 그가 수감 생활을 하던 1678년이다. 그는 참으로 비극적인 삶을 살았다. 그의 아버지는 땜장이이자 잡역부였고, 한 해에 어머니와 누이가 세상을 떴으며, 아버지는 재혼했다. 번연은 16세에 의회군에 입대했고, 한 젊은이가 자기 대신 전투에 나갔다가 죽은 일에 충격을 받고 '신께서 특별한 사명을 위해 자신을 살려 주셨다.'고 믿었다.

그는 신앙이 독실한 아내의 영향을 받아 진정으로 회심하였다.

그러나 그의 세상살이는 불행했다. 시각 장애를 안고 태어난 첫 아이와 뒤이어 태어난 세 아이, 아내와 사별했다. 그는 이 같은 수난과 영적 암흑기의 '죽음 체험'을 넘어 복음을 전하는 설교자가 되었다.

영국의 종교 변혁기에 살았던 존 번연은 극심한 고난을 겪었다. 영국 국교가 아닌 개신교를 믿은 까닭에 12년 동안 옥고를 치렀다. 1660년 영국 왕 찰스 2세가 비국교도들의 자유를 제한했기 때문이다. 출옥하여 개신교 목사가 된 그는 또다시 감옥에 갇혔다. 갖은 박해를 받아 가며 하늘나라 복음을 전하던 그는 1688년 8월 31일에 설교차 방문했던 런던에서 영면했다.

가족이 잇달아 숨지는 비극을 겪고 장기간 옥고까지 치르면서도 좌절하지 않고 빛나는 생애를 살다가 간 존 번연의 거룩한 영혼에 세계의 《천로 역정》 독자들이 찬사를 아끼지 않는 것은 당연하다. 비록 기독교 신자가 아닌 우리나라 독자들도 나태·허위·오만·허영·좌절·무지를 넘어, 겸손하고 진실된 심령으로 진리를 사모하며 사는 인생의 맑은 지침을 얻었다는 점에서, 이 책에 감동하리라 믿는다.

하늘나라는 내 옆에 있다.

제8장

신바람 의식과 우리 역사

신바람 의식과 우리 역사

헝가리 출신 오스트리아 정신 분석 학자 지크문트 프로이트는 인간의 무의식을 심층적으로 탐조한 현대 심리학의 선구자다. 그의 정신 분석학 이론을 비판적으로 계승하여 집단 무의식 이론을 발전시킨 사람은 스위스의 정신과 의사 카를 구스타프 융이다. 그가 주장한 민족적 집단 무의식 이론은 캐나다 학자 노스롭 프라이의 범인류적 원형原型 무의식 이론으로 발전한다. 가령, 물은 죽음과 부활의 원형적 상징이라는 주장이다. 예수님의 세례 받으심과 부활, 심청의 인당수에서의 생환 등이 그 예다.

우리 민족의 집단 무의식은 무격 신앙 내지 샤머니즘으로 볼 수 있다. 우리의 샤머니즘을 텃밭으로 하는 집단 무의식은 신바람 의식이다. 신바람 의식은 격정적 환희와 광기의 양 극단을 지향한다. 격정적 환희 지향성은 창조적 응집력과 민족 대화합의 절정에서 긍정적 에너지로 분출되고, 부정적 측면인 광기는 사고의 경직성과 극한적 대치 상황을 조성한다. 환희는 백샤면white shaman, 광기狂氣는 흑샤면black shaman의 서로 다른 양상이다.

우리의 3·1운동, 4·19 혁명, 새마을 운동, '한강의 기적'으로 불리는 폭발적 근대화, 2002년 월드컵 축구 대회 4강 신화와 '붉은 응원단'이 보여 준 창조적 응집력은 신바람 의식의 긍정적인 양상이다. 한편 '붉은 응원단'이 분출하는 환희의 폭풍, 그 심층에는 파괴력 충천할 섬뜩한 광기가 잠복해 있다. 그보다 더 무서운 것은 진영 간의 극한적 대결이다. 국회의 여당과 야당은 불공대천지원수같이 으르렁거리고, 남북한은 70년간 극한 대치 중이다. 지금 국회와 정부의 극한 분열과 대결의 양태는 조선 시대 사화와 붕당 싸움의 데자뷔다. 샤머니즘의 부정적 유산이다.

그러기에 우리는 논리와 이성적 판단의 요체가 되는 로고스보다 정감에 휘둘리는 파토스의 체질에 친근하다. 정감에 친근하기에 인정에 약하고, 이성적 결단에 익숙지 않기에 대사를 그르치기 일쑤다. 우리 민족의 강점과 약점을 창조적으로 활용하여 역사의 물줄기를 결정적으로 바꾸어 놓은 희귀한 인물이 있었다. 1961년에 혜성같이 등장한 박정희 소장, 박정희 대통령이다.

박정희 대통령은 이 땅 사람들의 파토스적 정감주의와 신바람 의식을 새마을 운동과 '조국 근대화'의 역동적 에너지로 탈바꿈시켰다. 샤머니즘의 창조적 응집력으로 새 역사 창조의 기치 아래로 운집하게 만들었다. 박 대통령은 가난한 유산을 남겨 주신 조상들을 원망하지 않았다. 게으른 사람, 술과 노름에 찌든 사람, 죄를 지어 하늘 못 볼 사람 들더러 "당신들은 왜 그 모양이냐?"고

탓하지 않았다. 그 모든 원망과 결점은 다 떨치고 나와 함께 일하여 "우리도 한번 잘살아 보자."고 특유의 카랑카랑한 목소리로 독려하였다.

박 대통령은 일제 강점기 이래 빈곤, 울분, 회한, 비탄의 정서에 젖어 있던 이 땅 사람들을, 〈새마을 노래〉와 〈우리도 한번 잘살아 보세〉 등의 장쾌한 리듬으로 분기시켰다. 박 대통령은 '우리 조선 사람이 뭘 할 수 있어.'라고 스스로를 비하하는 우리 국민의 부정적 자학自虐 의식을 긍정적 자아 개념 positive self-concept으로 격상시키는 혁명적 의식 개혁을 선도한 최초의 근대적 최고 지도자였다. 뿐만 아니라, 우리 지도를 백두산 쪽에서 아래를 내려다볼 줄 안 최초의 지도자이기도 했다. 그런 눈으로, 조선 왕조가 막아 놓은 남쪽 바닷길을 열어 수출 대국의 탄탄대로를 개척하였다.

박정희 대통령은 이런 진취적이고 역동적인 에너지로 일어서서 온 국민을 새마을 깃발 아래 모여들게 하였다. 우리 국민 모두의 내면에 잠재해 있던 창조적 응집력을 모아 조국 근대화, 한강의 기적을 일으켰던 것이다. 이 같은 새 역사 창조의 길과 다른 행로에서 질주했던 김영삼·김대중 계열의 민주화 세력은 새마을 깃발에 분노하며 민주화 깃발 아래 결집하여 사자후를 토하였고, 그 과정에서 많은 희생을 치러야 했다. 가슴 아픈 일이다.

아픈 역사이나, 그 시기 우리에게는 근대화와 민주화의 투 트랙

작전을 함께 수행할 능력이 없었다. 근대화 세력은 '오직 산업화'를, 민주화 세력은 '오직 민주화'를 생명의 조건인 양 외쳤다. 그때에 민주화 세력은 '경제 융성이 민주화의 필요 조건'이라는 것, '굶주리는 민주주의'란 허상이라는 것을 몰랐다. 그랬기에 민주화 세력은 생명까지 희생해 가며 민주화의 외길을 질주하였다. 아프게 정리하건대, 산업화 세력은 '창조적 응집력'을, 민주화 세력은 '광적인 격정'을 분출하며 예각적으로 충돌했다. 그 극단적 충돌은 변증법적으로 지양되어 오늘날 번영된 자유 민주 국가 대한민국의 역사로 발전했다. 제2차 세계 대전 후에 독립한 전 세계 140개 나라 가운데 산업화와 민주화를 아울러 성취한 유일한 나라가 된 것이다. 박정희, 김영삼, 김대중 세 거인의 리더십 덕분이다.

우리는 지난 5년간 '한 번도 경험해 보지 못한 나라'를 통절하게 체험했다. 대통령 두 사람과 그 수하의 1천여 명이 수사를 받았고, 100여 명이 영어의 몸이 되었다. 국민들이 절반씩 편을 갈라 서로를 향하여 절치부심하는 사태에 이르렀다. 도저히 같은 나라 사람이라고 보기 어려운 형국이 되었다. 해방 정국 이후에 국민 분열이 이같이 극심한 것은 처음 본다.

우리나라는 경제와 문화 융성으로 선진국 반열에 올라섰다. 정치만 최악이다. 국민을 갈가리 찢어 놓은 분열의 리더십과 이에 따른 극한 대결 때문이다. 지난 5년 동안 빚어 놓은 '한 번도 경험해 보지 못한 나라'란 한풀이 보복과 온 국민의 분열상을 보이는 슬픈 대한민국이다.

이제는 우리를 살리는 길은 온 국민을 창조적 리더십의 기치 아래 하나로 뭉쳐 신바람 나게 하는 통합의 리더십에 있다. 우리의 이런 염원을 이 땅에 펼쳐 보일 '백마 탄 초인'은 어디쯤 오고 있는가.

보이콧

2017년에 대통령이 탄핵되고 새 정부가 들어섰다. 준비 없이, 느닷없이 들어선 정부이다 보니 급조된 정책들이 쏟아져 나왔다. 황당한 정책들 중의 하나가 소득 주도 성장이었다. 국민들 소득이 늘면 국가 경제가 성장한다는 주장이다. 이를 뒷받침할 대책으로 잇달아 나온 것이 주 52시간 근로에 최저 임금 1만 원 지급 정책이다. 사업장의 규모나 업종에 관계 없이 막무가내로 밀어붙인 급격한 이들 정책은 당장 심각한 부작용을 빚었다. 중소 기업이나 자영업 운영자들은 갑자기 인상된 임금을 감당할 수 없어 근로 인원 줄이기에 몰입하였고, 실업자가 속출했다. 근로자 수와 근로 시간이 대폭 줄어든 중소 기업들은 납기일을 맞추지 못해 발을 굴렀다. 특근 수당을 받지 못하게 된 근로자들도 대폭 줄어든 월급 명세서에 장탄식을 하는 기현상이 벌어졌다. 이 어처구니없는 정책 입안자가 세계적인 명문 대학 출신이었다는 사실이 우리를 놀라게 한다. 이념적 편향성이 낳은 비극이라 할 수밖에 없다. 자영업자들은 온 식구가 가게에 나가 일에 매달리는 웃지 못할 사태가 일어났다.

18세기 말 루이 15세 때 프랑스 재정 대신 E.S 실루엣의 실패는 우리에게도 반면교사가 된다. 실루엣은 영국과의 7년 전쟁으로 심각한 재정난에 빠진 프랑스 경제를 살려 내는 임무를 맡았다. 그는 강력한 긴축과 증세 정책을 폈다. 당시 귀족들은 정부 지원을 받아 자기들의 호화로운 초상화를 그렸다. 초상화에 물감은 쓰지 말고 윤곽만을 그린 뒤 검은색만 칠하게 하는 법령을 선포했다. 귀족들의 격렬한 반발로 임기를 채우지 못하고 쫓겨났다. 또한 잘사는 집에 창문이 많은 것에 착안하여 창문 개수나 너비에 따라 창문세를 부과했으나 이 역시 실패했다. 사람들은 창문을 벽돌로 막아버렸다. 영국서도 실패한 '공기세'의 희극이었다. 이 세금의 주인공 실루엣Silhouette의 이름은 예술, 디자인의 기법인 '실루엣'으로 남았다.

19세기 말 영국 귀족의 영지 관리인 보이콧Boycott은 냉정하고 편협했다. 1880년 그는 소작료를 체납한 소작인들을 추방하려 했다. 아일랜드 토지 연맹 초대 회장으로, 케임브리지대학 출신 파넬 하원 의원의 지도 아래 단합한 소작인들에게 오히려 보이콧이 쫓겨났다. 그 자신이 보이콧당한 것이다.

세계 혁명사에서 널리 거론되는 정책 실패 사례를 남긴 대표적인 인물이 로베스피에르와 마오쩌둥이다. 1789년 7월 14일 프랑스에서는 경천동지할 일이 일어났다. 프랑스대혁명이다. 혁명기에는 과격파가 폭력을 주도하는 법. 과격파 로베스피에르, 마라, 당통 등은 광적인 폭력성을 과시했다. 37일 동안 파리에서 1,285명이 기요틴에 처형되었다. 로베스피에르는 단세포적 독재자였다. 국민들이 우윳값이 비싸다고 하자, 우유 가격을 급격히 내렸다. 낙농업자들이 목초 값이 비싸다고 하자, 그 값을 급히 내리게 했다. 채산성이 적자로 추락하자, 목초 재배자들은 풀밭을 갈아엎고 말았다. 로베스피에르는 기요틴에 처형당했다. 겁 없이 날뛰던 의사 기요틴도 자기가 고안한 기요틴에 참수되었다. 이 광적인 대혁명기에 1만 5천 명이 생목숨을 잃었다. 프랑스 혁명사의 연구자인 알베르 소불은 이렇게 탄식했다.

> 세속사의 발전에 이처럼 긍정적인 기여를 한 프랑스 대혁명이 사실 왜곡과 과대 선전, 원격 조종 등으로 과도한 공포 정치와 처형의 참극을 빚게 된 데에는 프리메이슨의 음모가 크게 작용하였다.

프리메이슨은 로마 가톨릭교를 타도하려 한 사교 세력이었다.

중화인민공화국 창설자인 공산당의 마오쩌둥(모택동)은 건국 초기부터 혁명 의욕이 넘치는 인물이었다. 그는 '부강한 공산 국가를 만들기 위해' 대약진운동(1958~1960년대 초)을 벌였다. 중앙 정부로 올라오는 보고서에는 식량 증산율이 가파르게 치솟고 있었다. 이에 흡족해 하던 그에게 걱정스러운 보고가 들어왔다. 참새 떼가 곡식을 막대하게 축낸다는 것이었다. 마오쩌둥은 급히 지시했다. 온 '인민'이 나서서 참새를 박멸하라는 명령이었다. 그 결과 놀라운 재앙이 빚어졌다. 메뚜기 떼와 해충이 창궐한 결과, 심각한 기근으로 5천만 명이 굶어 죽었다. 일당 독재가 초래한 엄청난 비극이었다.

혁명아나 이념형 인간의 뇌는 편협하고 독단적, 단세포적이기 쉽다. 복잡하고 다층적인 사회 현상을 아군과 적군, 흑과 백으로 단순화하여 낭패를 본다. 남의 말에는 귀를 닫는 벽창호가 되어 세상을, 온 나라를 지옥으로 만들고 국민들을 숨 막히게 한다. 귀와 마음을 열고 남의 말, 반대편의 말까지 진지하게 경청하는 마음 자리에 지혜가 깃들이는 법이다. 카를 포퍼의 《열린 사회와 그 적들》은 지혜를 채우는 귀한 책이다.

특정 이념에 취한 편집증은 마약에 취한 것처럼 무섭다. 무서운 사람들이 만들어 내는 '한 번도 경험하지 못한 나라'야말로 무섭다. 그들이 완강히 밀어붙이는 획일주의 정책은 독재의 다른 이름이다.

대통령의 인성 검사

조선 시대에 인성 검사가 있었다면, 연산군 같은 사람이 임금이 될 수 없었을 것이다. 연산군은 무오사화와 갑자사화로 수많은 충신과 지식인 들을 죽였고, 민가 마을을 헐어서 사냥터로 삼았다. 세조가 세운 원각사를 헐어버린 자리에 기생 수천 명을 양성하는 장악원을 세웠다. 궁중의 비빈과 왕자 들을 척살하고, 할머니 인수대비를 머리로 들이받았다. 숙모인 월산 대군 부인을 겁탈하여 목매어 죽게 했다. 그래선 안 된다고 간하는 상선 김처선을 몸소 처단하기까지 한 광인이었다. 재위 12년간 한 일이라고는 폭정과 살인과 음행뿐이었다. 어떤 지식인은 그의 생모 윤씨가 폐비되어 죽음을 당한 트라우마가 그 원인이라면서 동정한다. 월탄 박종화의 역사 소설 〈금삼錦衫의 피〉가 그런 작품이다.

하지만 이런 동정론에도 한계가 있다. 동서양 역사에 유사한 상황이 한둘이 아니지만, 연산군처럼 황음무도한 짓을 서슴지 않은 왕은 드물다. 가령, 22대 임금 정조는 자신을 죽이려 절치부심하던 정적들을 용서하고 나랏일을 함께 이끌었다. 아버지 사도 세자에게 정신 질환이 있었으나, 잔혹한 죽음을 가속화한 데는 당쟁의 폐해도 작용했던 것이 사실이다. 정조의 취임 일성이 "나는 사도 세자의 아들이다."였다. 이 말을 들은 반대파 신하들은 심히 전율했을 것이다. 그들은 여러 차례 정조의 침실에 자객을 보내어 왕을 해치려 했다. 이는 왕의 세손 시절부터 자행하여 온 음모였다. 하지만 정조는 의연했다. 응보의 칼을 휘두르는 대신에 그들을 국정의 동반자로 포용했다. 인성 면에서 연산군과 정조는 극단적으로 대비되는 인물이다.

요사이 평화롭던 우크라이나에 포격과 폭탄 공격을 가하여 수많은 사람들을 죽이고 도시를 폐허로 만드는 러시아 대통령 푸틴의 정신 상태에 대하여 우려하는 정신 분석학자들이 있다. 그가 정신 병리학적으로 심각한 문제 인간이라는 것이다. 아마도 푸틴은 스탈린·히틀러·무솔리니·도조 히데키 등과 함께 사악한 인물로 연구되어야 할 지도자라 하겠다. 어떤 정치학자는 푸틴의 악행을 변호한다. 나폴레옹과 히틀러의 러시아 침략으로 인한 트라우마가 러시아인의 집단 무의식을 지배하고 있으며, 1990년 전후 동유럽 공산권이 붕괴할 적에 한 미국 대통령의 약속에 대한 불신이 있기 때문이라는 것이다. 그때에 소비에트 연방이 붕괴하더라도 북대서양조약기구NATO가 동유럽으로 세력 확장을 하지 않겠노라고 한 그 약속을 믿을 수 없게 되었다는 말이다. 이런 상황에서 우크라이나가 나토에 가입하려는 데 대한 경고 행위가 푸틴의 이번 공격으로 나타났다는 주장이다.

이러한 역사 심리적 배경 분석에는 일리가 있다. 하지만 이 문제를 푸는 방법이 꼭 잔혹한 학살을 동반하는 전쟁이어야 한다는 데 동의할 세계인은 극소수일 것이다. 러시아의 정체성을 지키고 외부로부터의 안보 불안을 해소하려 한다는 푸틴의 주장은 조작된 명분이다. 2036년까지 연임하려는 그의 권력욕을 실현하기 위한 위장 전술로 보는 것이 옳겠다. 언론 자유가 없는 러시아에서 푸틴의 일방적인 선전·선동술이 국민들을 속이고 있다.

블라디미르 푸틴의 이름 자체가 '정복자'라는 뜻을 품고 있다. 그는 소련 비밀 정보 기관 KGB 출신으로서 전체주의자다. 온갖 방법을 동원해 가며 옛 러시아 제국 황제(차르), 변형된 전제 군주의 지위를 확보하려 한다. 공산주의 유물론의 신봉자인 그에게 정적이나 적국의 지도자와 국민은 한갓 동물an animal일 따름이다. 정신과 전문의 황세희 교수는 푸틴의 인성을 '오만 증후군에 속하는 사이코패스'로 규정했다. 문제는 러시아가 자유를 억압하는 독재 국가임에 있는 것이지, 나토의 자유주의에 책임이 있는 것은 아니다.

2022년 3월에 있은 우리나라 대통령 선거의 혼란상은 후보자와 가족의 비행과 비리, 부정 선거 의혹 등으로 점철되었다. 그중에서도 한 대통령 후보의 잔혹하고 천박하며 살 떨리는 욕설은 양식이 있는 온 국민을 몸서리치게 했다. 나는 그가 형수에게 퍼

부은 욕설 녹음 파일을 뒤늦게 듣고는 온 몸을 떨었다. 도저히 정상적인 인간이면 절대로 할 수 없는 '세계 최악'의 욕설이었다. 사람의 언행은 그의 인성을 표징하는 바로미터다. 나는 그의 욕설을 듣고 마치 걸레로 얼굴을 닦인 듯한 치욕감을 느꼈다. 그런 사람이 지도자가 된다는 것은 '사람으로서의 시민'에 대한 모독이다.

금년 5월 10일에 물러나는 대통령의 2중성에 대하여 뜻있는 국민들은 머리를 흔든다. 대통령이 국민들 앞에 선포한 정책을 뒤집어버린 식언食言은 부지기수였다. 어떤 이는 바를 정正자를 써 가며 헤아리다가 지쳐서 그만두기도 했다고 한다.

대통령을 비롯한 주요 지도자를 뽑을 때에는 반드시 인성 검사와 적성 검사를 받았으면 한다. 국민의 이름으로 전문가가 작성한 검사지로 답을 받은 다음, 전문가가 판단한 결과를 해당 정당이 참고로 하여 공천 여부를 결정하는 것이 옳겠다.

인성이 심히 비정상적인 사람이 국가와 사회의 지도자가 되는 현실은 생각만 해도 오싹한 한기를 불러온다. 각 정당은 특히 대통령 입후보자의 성격 검사, 인성 검사의 결과를 보고 후보를 내세우는 것이 국가와 국민에 대한 도리다.

(2022. 3. 30.)

권력형 인간

사회학자들이 인간의 유형을 넷으로 나눈 적이 있다. 권력형, 경제형, 심미형, 종교형이 그것이다. 가령, 세계에서 제일 아름답다는 캐나다 로키 산맥의 루이스 호숫가에 관광객들이 모였다고 하자. 권력형 사람은 앞으로 나서서 자기가 누구인가를 소개하며 명함을 돌리고 질서 잡기에 열중할 것이다. 경제형 사람은 그 맑은 물을 생수로 판다면 장사가 잘 되리라고 생각할 것이다. 이와 사뭇 달리, 거울같이 맑은 호수와 그에 비친 로키산맥의 그림자에 도취되어 시를 쓰거나 캔버스에 그림을 그리는 심미형 인간이 있을 것이다. 나아가 대자연의 위대성과 신의 섭리에 감탄하며 경건히 기도드리는 종교형 인간도 있을 것이다. 세상에서 다 필요한 인간형들이다.

하지만 지나치면 문제가 된다. 형이상학에서는 넘치거나 모자라는 것을 악으로 본다. 특히 지나친 악이 문제다. 사람들이 모인 자리에 가면 눈살을 찌푸리게 하는 사람이 있다. 회의 발언권을 독점하여 다른 사람이 발언할 기회를 원천적으로 봉쇄해 버리는 경우다. 모임이 끝나고 기념 사진을 찍을 때, 이 권력형 인간의 본성은 여지없이 드러난다. 사람들을 두 팔로 제압해 물리치고 언제나 정중앙에 떡벌어지게 자리잡는다. 키도 크지 않고 빙충맞는 나는 이 권력형 인간의 기세에 치여 뒷전에 가려 서거나 가장자리로 밀려나기 일쑤다. 그러다 보니, 내 모습은 반쯤 가리어 있거나 아예 화면이 잘려서 보이지 않는 경우가 적지 않다. 책의 삽화로 쓰려고 사진을 고르다가 새삼스레 발견한 일이다.

어느 땐가 내 이름으로 상가에 조문 화환을 보내었는데, 괴이한 현상이 생겼다. 상주를 만나러 들어갈 때 내가 보낸 화환은 잘 보이는 곳에 세워져 있었는데, 나올 적에는 보이지를 않았다. 어느 권력형 인사가 내 화환은 뒤편으로 치우고 그 자리에 자기 것을 갖다 세워 놓은 것이었다. 빙긋 웃고 나왔으나, 마음은 편치 않았다.

오늘날 권력형 인간들이 온 나라를 북새통으로 만들고 있다. 난세亂世다. 그 비정상적인 사람들이 빚어내는 비정상을 온갖 언론매체가 갈까마귀처럼 떠들어 대며 추켜세운다. 비정상에 열광하는 매스컴 소비자들도 공범이다.

권력형 인간이 에티켓을 지키고 경제도 알며 심미안을 기르면 좋다. 신앙까지 있으면 금상첨화다. 이런 염원으로 이 글을 쓴다.

꼬리가 몸통 흔들기

돼지 꼬리가 몸통을 흔드는 것은 변고다. 그런 변고가 세상살이에서 자주 목도되는 것이 우리나라 국회와 여론이다.

한참 지난 일이다. 총리 후보 국회 청문회에서, 야당 국회 의원들이 총리로 지명받은 인사의 아내가 든 가방이 고급품이므로 임명을 반대한다고 했다. 후보자는 이 문제로 결국 낙마했다. 1997년 정부가 외환 위기 상황을 국민들께 알리는 경제 부총리의 볼펜이 프랑스제 몽블랑인 것을 트집잡아 온갖 욕설로 그를 비난했다.

총리 후보의 부인이 든 핸드백이 어느 정도 고가의 것인지는 모르나, 그것이 총리의 자질을 훼손할 만한 사치·방종이냐 하는 데 동의하기 어렵다. 몽블랑 만년필이나 볼펜이 아무리 고가라 하여도, 어느 친분 깊은 인사가 준 여행 선물일 수도 있다. 그 볼펜 가격이나 그 상징성이 부총리의 업무 처리 능력 실현과 인과 관계에 있는지조차 불분명하다.

우리 국회나 일부 정치 팬덤의 행태를 보면, 전혀 논리적인 구석이라고는 찾아 보기 어려운 경우가 많다. 부분이 전체를 흔드는 논리적 비약이 도처에서 드러난다. 상대 당 국회 의원이나 행정부 인사들을 먼지털이 식으로 조사하여, 손톱만 한 흠결만 발견되면 그를 통째로 부정·비난·저주하는 것이 습관화해 있다. 우기기 명수가 되어 간다.

부분이 전체를 뒤엎는 변고를 논리학에서는 '일반화의 오류'라 한다. 부분을 전체로 확대하여 판단하는 경우가 있다. 특칭 one of them, some of them 판단을 내려야 할 것을 전칭 판단 all of them으로 확대하여 인식하고 말하는 것이 일반화의 오류다. 한 학기에 두 번 지각한 학생을 지각 대장이라고 하는 것이 그 예다.

우리 국회나 시위꾼들은 이런 일반화의 오류에 사로잡혀 나라의 큰일을 그르치곤 한다. 우리의 집단 무의식 중의 샤머니즘의 광기가 우리 역사를 파멸의 블랙홀로 빠져 들게 할 때가 많다.

2022년 9월 하순. 또 그런 징조가 보인다. 역사의 신은 잠들었는가.

선한 이가 당하는
고통에 대한 묵상

초판 인쇄 2022년 10월 19일
초판 발행 2022년 10월 20일

지은이 김봉군
발행인 임수홍
디자인 맹신형

발행처 한국문학신문
주 소 서울 강동구 양재대로 114길 322층
전 화 02-476-2757~8 FAX 02-475-2759
카 페 http://cafe.daum.net/lsh19577
E-mail kbmh11@hanmail.net

값 15,000원

ISBN 979-11-90703-56-7

· 저자와의 협약에 의해 인지는 생략합니다.
· 이 책의 글은 저작권법에 따라 보호를 받는 저작물이므로 저자와 출판사의 동의 없이는 무단 전재 및 무단 복제를 금합니다.

· 잘못된 책은 바꾸어드립니다.